● 本书是福建省社科研究基地福建江夏学院金融风险管理研究中心基地重大项目"乡村振兴战略背景下私募股权基金风险管理研究"（项目编号：FJ2021MJDZ044）的研究成果。

乡村振兴经济研究丛书

乡村振兴战略背景下
私募股权基金风险管理研究

李杰辉 著

厦门大学出版社 国家一级出版社
XIAMEN UNIVERSITY PRESS 全国百佳图书出版单位

图书在版编目(CIP)数据

乡村振兴战略背景下私募股权基金风险管理研究 / 李杰辉著. -- 厦门：厦门大学出版社，2024.10. (乡村振兴经济研究丛书). -- ISBN 978-7-5615-9483-4

Ⅰ.F832.51

中国国家版本馆CIP数据核字第20244D624C号

责任编辑	许红兵
美术编辑	李嘉彬
技术编辑	朱　楷

出版发行　厦门大学出版社

社　　址　厦门市软件园二期望海路39号
邮政编码　361008
总　　机　0592-2181111　0592-2181406(传真)
营销中心　0592-2184458　0592-2181365
网　　址　http://www.xmupress.com
邮　　箱　xmup@xmupress.com
印　　刷　厦门市金凯龙包装科技有限公司

开本　720 mm×1 000 mm　1/16
印张　15.5
插页　2
字数　228千字
版次　2024年10月第1版
印次　2024年10月第1次印刷
定价　56.00元

本书如有印装质量问题请直接寄承印厂调换

厦门大学出版社

微信二维码

厦门大学出版社
微博二维码

前 言

在我国全面建设社会主义现代化国家的新征程中,乡村振兴战略被赋予了前所未有的重要性和紧迫性。党的二十大报告明确指出,"全面建设社会主义现代化国家,最艰巨最繁重的任务仍然在农村"。这一战略定位,不仅强调了农业农村优先发展的原则,而且明确了城乡一体化发展、畅通城乡要素流动的核心路径。建设农业强国,支持农村产业、人才、文化、生态、组织全面振兴,既是农业、农村、农民发展的基本要求,也是实现中国梦的坚实支撑。

私募股权基金作为现代金融领域的核心组成部分,凭借其独特的运作模式和多元化的投资策略,在加速产业现代化进程和激活市场活力方面扮演着不可或缺的角色。在乡村振兴战略的指引下,私募股权基金正逐步成为推动乡村产业变革和现代化的关键驱动力。通过引导社会资本流向农村地区,私募股权基金显著缓解了农村产业发展的资金压力,并带来了先进的管理理念和技术支持,为农村经济的持续增长和产业繁荣奠定了坚实基础。这些努力不仅促进了农村经济的繁荣,更为乡村的全面发展提供了强有力的支撑。

在此背景下,《乡村振兴战略背景下私募股权基金风险管理研究》一书应运而生。本书深入剖析了私募股权基金在乡村振兴中的核心作用,详细探讨了私募股权基金投资策略的制定、风险管理的实施以及金融创新的推进等关键议题。本书不仅注重理论研究的深度,更强调与实际应用的紧密结合,旨在为政府决策提供科学依据,为金融机构的投资活动提供策略指导,同时也为社会资本积极参与乡村振兴提供操作性的建议,共同推动乡村振兴战略的顺利实施。

本书共分为五章。第一章从私募股权基金的基础理论出发,全面剖析私募股权基金在乡村振兴中的综合作用,并详细阐述了私募股权基金如何多维度助力乡村经济的全面发展。第二章通过对各地实践经验的总结和丰富的案例分析,展示了私募股权基金在乡村振兴中的多样化实践,从中提炼出政策指引和成功经验,为其他地区提供宝贵的借鉴。第三章聚焦于风险管理这一核心议题,对私募股权投资可能面临的各类风险进行深入的分析,并构建了一个综合性的风险管理框架,为基金管理人提供科学、有效的风险应对策略与方案。第四章基于乡村振兴私募股权基金风险的特性和复杂性,提出了更具针对性的私募股权基金风险管理策略,旨在增强基金的稳定运行和可持续性。第五章则探索了金融创新在乡村振兴私募股权基金风险管理中的应用,特别强调大数据、人工智能、区块链等新兴金融工具的潜力,期待这些工具能够不断提高风险管理的有效性和效率,为乡村振兴私募股权基金的发展注入新的活力。

本书的创新之处在于:系统性地探讨了乡村振兴私募股权基金的理论根基与实践应用,紧密契合党的二十大精神,对新时代背景下的新要求与现实挑战进行了深入剖析。同时,本书不仅关注乡村振兴私募股权基金的风险管理,更提出了前瞻性的解决方案,从金融创新的视角出发，为乡村振兴提供了新的思路和动力。这一创新性的研究不仅具有重要的理论价值，更对现实工作具有一定的指导意义。

本书在编写过程中，得到了福建省社科研究基地福建江夏学院金融风险管理研究中心的鼎力支持与精心指导，福建江夏学院金融学院的各位领导和同事也给予了无微不至的关怀与鼓励。正是这些高水平的学术平台和丰富的学术资源，为本书的编写工作提供了强有力的支撑，使得相关研究能够顺利推进并不断深入。兴业证券投资者教育基地、福建省福能兴业股权投资管理有限公司、银河期货等机构的专业人士，不仅贡献了宝贵的实践案例，还分享了深刻的行业见解，这些无私的奉献极大地提升了本书的价值与实用性。我对此表示衷心的感谢！

此外，本书的顺利出版离不开众多专家、学者及各界人士的辛勤付出与宝贵意见，书中的每一章都是在前人研究的基础上得以完善和发展的。厦门大学出版社的专业团队也倾注了心血，确保了书稿的优质呈现。

面对乡村振兴这一伟大事业，我深知责任之重大、道路之漫长。衷心希望本书能成为连接理论与实践的坚实桥梁，为乡村振兴事业注入新的活力与希望，共创乡村美好未来。

李杰辉

2024 年 8 月 20 日

目 录

第一章 私募股权基金在乡村振兴中的综合作用与投融资策略分析 …… 001

  第一节 私募股权基金概述 ……………………………… 001

  第二节 私募股权基金在乡村振兴中的作用 …………… 014

  第三节 乡村产业投融资现状与挑战 …………………… 022

  第四节 私募股权基金在乡村产业投融资中的实际表现 … 028

  本章小结 …………………………………………………… 036

第二章 乡村振兴战略下私募股权基金实践与政策启示 …………… 037

  第一节 中央企业乡村振兴私募股权基金实践 ………… 037

  第二节 典型地区乡村振兴私募股权基金实践 ………… 041

  第三节 各地乡村振兴基金经验总结与政策启示 ……… 070

  第四节 私募基金在乡村振兴中的多元实践：
          案例研究与政策启示 …………………………… 075

  本章小结 …………………………………………………… 089

第三章 私募股权基金风险的分类、评估与管理展望 ……………… 090

  第一节 私募股权基金风险的概念和分类 ……………… 090

第二节 私募股权基金风险的来源和程度 …………………… 098
第三节 私募股权基金风险的影响和传播 …………………… 118
第四节 私募股权基金风险的识别、评估和度量 …………… 122
第五节 私募股权基金风险管理展望 ………………………… 130
本章小结 ……………………………………………………… 135

第四章 乡村振兴私募股权基金风险的特性、复杂性与管理策略 …… 137
第一节 乡村振兴基金风险的特殊性 ………………………… 137
第二节 乡村振兴基金风险的复杂性 ………………………… 161
第三节 乡村振兴基金风险识别与评估 ……………………… 171
第四节 乡村振兴基金风险与机遇的平衡 …………………… 178
第五节 乡村振兴基金风险监控与调整 ……………………… 192
本章小结 ……………………………………………………… 198

第五章 金融创新在乡村振兴基金风险管理中的应用与挑战 ………… 200
第一节 金融科技在乡村振兴基金风险管理中的应用 ……… 200
第二节 金融科技在乡村振兴基金风险管理中的挑战
       与策略分析 …………………………………………… 213
第三节 "保险＋期货"模式在乡村振兴基金风险管理中的
       应用 …………………………………………………… 220
本章小结 ……………………………………………………… 237

结 束 语 ………………………………………………………………… 238
参考文献 ………………………………………………………………… 240

第一章 私募股权基金在乡村振兴中的综合作用与投融资策略分析

广大的乡村地区蕴藏着巨大的经济活力和无限的发展潜力。尽管如此,要实现乡村振兴和农业现代化的宏伟目标,仅依靠传统的资源和手段是远远不够的。私募股权基金作为一种灵活、高效的投融资工具,正逐渐成为推动乡村产业发展的重要力量。本章旨在深入探讨私募股权基金在乡村振兴中的综合作用与投融资策略,以期为乡村产业的蓬勃发展提供新的思路和动力。

第一节 私募股权基金概述

一、私募股权基金的概念和分类

(一)私募股权基金的定义

私募股权基金(private equity fund,简称 PE)是一种专为非公开市场设计的股权投资工具。它通过各种非公开渠道为企业提供资金支持,如收购、注入资金和入股等,主要投资于那些还未上市或正试图扩展业务的企业,其核心目标是实现资本的长期增值。

通常,选择投资私募股权基金的往往是那些具备专业知识背景的投资组织或个体,包括但不限于风险投资企业、初创投资公司、股权投资机构、家族投资公司以及财富管理公司等。这些投资组织或个体更倾向于投资那些具有显著增长潜力和强大能力的企业,尽管这些企业在资金或管理方面可能存在不足,例如新兴的初创企业、中小企业、处于合并或重组阶段的公司,或特定行业内的企业。这些投资活动的核心目的是分享被投企业或项目未来增值带来的各种收益,包括股权增值、分红收益以及通过市场退出策略实现投资回报等。

(二)私募股权基金的分类

私募股权基金可以根据投资阶段、投资领域和投资方式等不同维度进行分类。

1.按照投资阶段不同分类

按照投资的不同阶段,私募股权基金大致可以分为创业投资基金(venture capital fund)、成长投资基金(growth capital fund)、成熟投资基金(mature capital fund)、并购投资基金(buyout fund)等。

创业投资基金作为资本市场的创新引擎,专注于扶持初创期的企业与项目,其核心理念根植于对未来价值的深度挖掘与培育。这类基金聚焦于高科技、高风险、高收益并存的领域,如互联网浪潮的前沿、人工智能的"蓝海"以及生物技术的未知探索,旨在通过资本的力量,加速技术创新与产业升级的步伐。创业投资基金的回报愿景,往往与被投企业或项目的成功上市、战略并购或业务分拆等里程碑事件紧密相连,共同见证并分享从萌芽到绽放的成长果实。

成长投资基金则精准定位于那些已跨越初创阶段、步入快速成长期的企业与项目。它们致力于实现当前价值的最大化,并作为强有力的后盾,推动被投企业进一步拓展市场、深化业务布局。成长投资基金偏爱拥有成熟商业模式、稳定现金流及相对较低风险的投资标的,覆盖消费市场的消费升级、教育行业的智慧转型、医疗健康的技术革新等领域。通过分红、回购或再融资等多种渠道,成长投资基金不仅助力被投企业实现价值的持续增值,也确保了投资者自身回报的稳健增长。

成熟投资基金的主要关注对象则是步入成熟阶段的企业与项目。这类基金的核心使命,在于确保资金流动的稳健性与盈利能力的持续提升,同时强化企业在激烈市场竞争中的优势地位与市场份额。它们倾向于投资那些拥有稳固盈利基础、卓越品牌声誉及巨大成长潜力的企业与项目,如制造业的转型升级、服务业的精细化运营以及消费品行业的品牌深化等。通过分红、股份回购及再融资等策略性退出方式,成熟投资基金不仅为投资者带来稳定的现金流回报,也为被投企业长远发展奠定了坚实的基础。

并购投资基金则以其独特的视角与策略,通过收购或控股特定企业或项目,实施深度整合与重组,旨在提升运营效率、实现规模经济并激发协同效应。它们专注于发掘那些虽面临挑战但蕴藏巨大潜力、价值相对低估的投资机会,如正陷入短暂困境的企业的重组、行业领导者的战略并购、跨国业务的版图扩张等。并购基金的成功,往往依赖于被投企业股权价值的显著提升及后续红利的持续释放,共同书写着行业格局重塑与市场版图扩张的辉煌篇章。

2.按照投资领域不同分类

私募股权基金根据投资领域的不同,可以分为行业投资基金(industry fund)、区域投资基金(regional fund)、主题投资基金(thematic fund)、跨境投资基金(cross-border fund)等。

行业投资基金实际上是专门投资于某一特定行业或领域的私募股权基金,其核心目标是紧紧抓住某一行业的发展契机与未来潜能,并借助于自身在该行业的专业知识和资源进行运作。譬如,一些行业投资基金集中于互联网、人工智慧、生物技术等高科技行业，也有一些基金专门关注消费、教育和医疗等高增长的领域。

区域投资基金则专注于深耕某一特定地区或市场，致力于精准把握该地域的发展脉搏，利用其潜在动能。它们紧密跟随地区政策导向与市场需求变化，充分利用区域内的独特优势与资源禀赋。无论是聚焦于发展中国家的广阔"蓝海"，还是深耕特定城市的独特机遇，区域投资基金都展现出对地域特色的深刻理解与精准把握，力求在某一区域市场挖掘最大的价值潜力。

主题投资基金则是私募股权领域的思想先锋与趋势引领者。它们以独到的创新思维与前瞻性的视角，聚焦于某一特定主题或趋势，深入挖掘并把握该主题下的成长契机与潜在价值，如环保、社会责任、数字化等热门领域，以及新能源、新材料、新消费方式等前沿阵地。它们通过精准定位与深入布局，不仅推动相关产业的快速发展，更为投资者带来丰厚的回报，为社会带来长远的利益。

跨境投资基金作为连接不同国家与地区的桥梁与纽带，展现了私募股权投资的全球化视野与国际化战略。它们跨越地域限制，挖掘跨国增长的机会与潜力，通过多元化与国际化布局来实现投资目标的最优化。无论是直接投资于海外优质公司或项目，还是促进国内外企业间的合作与并购活动，跨境投资基金都展现出卓越的全球资源整合能力与敏锐的市场洞察力。

3.按照投资方式不同分类

按照不同的投资方式，私募股权基金可以分为直接投资基金（direct investment fund）、间接投资基金（indirect investment fund）、基金中基金（fund of funds）、并购基金（merger and acquisition fund）等。

直接投资基金作为私募股权领域的直接注资者，专注于为目标企业或项目提供急需的资金支持，伴随而来的是对目标企业或项目股份与权益的直接获取。这一策略赋予了投资者深入参与目标企业日常运营与管理的权利，使其能够直接影响目标企业的战略方向与业务进展。通过紧密的互动与实时的反馈机制，直接投资基金能够迅速响应市场变化，推动投资目标的高效成长。然而，这种深度参与模式也伴随着较高的时间与精力投入要求，以及对投资风险与责任的直接承担，考验着投资者的专业能力与战略眼光。

与直接投资基金相比，间接投资基金则选择了一条更为灵活与稳健的道路。它们通过与其他投资基金或机构建立合作关系，为既定企业或项目提供间接的资金支持。这种策略不仅有助于分散单一投资带来的风险，降低整体投资成本，还能借助合作伙伴的专业知识与丰富经验，提升投资决策的精准度与有效性。然而，合作关系的建立与维护同样需要时间与精力的投入，且可能伴随着部分投资权益的让渡，投资者需在此间寻求平衡与最优解。

基金中基金作为私募股权领域投资组合的构建者，专注于投资其他投资基金，以此构建多元化的投资组合与广泛的投资网络。这种策略充分利用不同基金之间的差异性与互补性，实现投资风险的进一步分散与投资收益的潜在提升。同时，基金中基金还能够借助其广泛的投资网络，获取更多的市场信息与投资机会，提高投资效率与成效。然而，这种策略也伴随着额外的管理费用和佣金支出，以及更为严格的投资监管和评估要求，从而对投资者的专业素养和资源整合能力提出了更高的要求。

并购基金则是专为并购活动量身打造的私募股权工具。它们以并购为手段，旨在通过精准选取并购目标、实施价值评估与整合规划，推动目标企业或其项目的战略转变与持续发展。并购基金的优势在于能够迅速捕捉并购机遇，实现资源的优化配置，发挥协同效应，从而推动目标企业经济的增长与企业性能的优化。然而，并购活动同样伴随着激烈的市场竞争与复杂的整合挑战，要求并购基金具备敏锐的市场洞察力、专业的价值评估能力与高效的整合执行能力，以确保并购活动的成功实施与预期目标的顺利达成。

二、私募股权基金的特征及其竞争优势

(一)私募股权基金与其他类型投资基金的差异

私募股权基金与其他类型的投资基金,如公募股权基金、债券基金、货币市场基金等,在以下方面存在显著的差异性。

1.投资主体不同

私募股权基金汇聚了专业投资机构和高净值的个人投资者,其投资决策始终高度保密,不受证券市场的严密监督。而其他类型的投资基金则是向公众开放的,其投资行为均要求公开、透明,而且必须接受证券市场监管当局的严格审查和约束。

2.投资对象不同

私募股权基金更倾向于投资那些成长迅速、具有巨大潜力但目前资金或管理上有困难的公司和项目,通过股权等权益性投资途径介入。而其他类型的投资基金更倾向于选择已经达到一定规模、经营稳健并有良好声誉的公司进行投资,主要是利用债务、股票和货币市场工具来实现资产的合理分配。

3.投资目的不同

私募股权基金的主要目标在于捕捉目标企业或项目未来潜在的价值增长机会,其主要收入来源包括股权增值和分红,具有显著的长期性和不确定性。与此相对,其他投资基金更注重实现现有的和持续的投资回报,例如利息和股息,其回报模式更具明确性和可预测性。

4.投资风险不同

私募股权基金因其面临的投资目标的不明确、信息的不公开以及资金流动性的限制,导致其面临相当高的投资风险。这类高风险常常伴随着较

高的收益可能。相对而言,其他投资基金由于投资者对象更加广泛,包括成熟的大型企业以及具有稳定现金流和盈利能力的公司,结合市场的流动性,因而呈现出较低的投资风险和更加稳定的回报率特征。

(二)私募股权基金的核心优势

私募股权基金凭借其独特的运作模式与投资策略,在投资市场中占据着举足轻重的地位,其核心优势表现在如下几个方面。

1.高收益潜能

私募股权基金凭借其对市场的敏锐观察以及独特的投资方法,主要聚焦于高成长型企业,通常可以获得比传统投资手段更高的收益。其平均年化收益率常超20%,部分成功案例的收益率甚至能够达到数十倍甚至数百倍的惊人幅度。

2.长期投资视野

秉持着长期投资的理念,私募股权基金的投资周期动辄数年乃至10年以上。这种长期陪伴式的投资策略,使得基金能够深度介入目标企业的成长,联手规划和实施长期的发展计划,极大地挖掘目标企业的内在价值。

3.灵活的运作机制

私募股权基金在进行投资活动时通常呈现出较大的灵活性,并且这一行为不会受到证券市场的监管和投资人的干涉。基金可以根据投资者的独特性质和要求,草拟相应的投资协定和条款,如投资金额、时长、方法、权益及职责等,以确保投资策略得到恰当的实施,尊重并促进目标企业的自主发展。

4.多元化的投资策略

私募股权基金在投资上通常展现出多样化的策略,能够根据各个层面、领域以及方法挑选出各种投资策略,如股权、债权、混合、合并及红利。这种方式能适应各种投资目标的具体需求和场景,从而增强投资的效益与成果。

5.风险与收益并重

私募股权基金深知高风险与高收益并存的道理,因此在做出投资决策时,不仅追求可能的高额回报,还致力于构筑一个全面而健全的风险管理框架。私募股权基金采用严格的市场调查、深入的尽职调查以及科学的后投资管理策略,在有效控制风险的前提下确保最大化投资的价值。

6.专业的管理和工作团队

私募股权基金的成功得益于其背后专业化的运作团队。这些团队成员不仅具备丰富的专业知识和投资背景,而且在市场洞察和决策制定方面展现出卓越的能力。他们在决策、项目管理、提高价值以及退出市场等各个方面都起着决定性的作用,为基金和投资者创造出色的投资成果。

三、私募股权基金的投资过程

私募股权基金在投资过程中,始终坚持全面、系统、专业和标准化的管理原则,以确保投资决策的精准和高效。其整个投资流程大致包含以下几个关键步骤。

(一)项目筛选

在众多投资机会中,私募股权基金会依据自身明确的投资方向和策略,精心筛选出真正符合其投资理念的实体。首先,基金会借助其广泛的网络资源、渠道和平台,收集投资信息,进行初步的数据分析和比较。在此基础上,基金会筛选出初步的投资候选项目。随后,通过进一步的深入沟通、专业咨询和实地考察,对这些项目进行全面的研究和评估,最终确定最具潜力和价值的投资对象。

(二)尽职调查

私募股权基金的尽职调查意味着对投资项目要进行全方位、深入、专业和客观的审查与解读。尽职调查的目的在于验证投资项目的真实性、合规性、可操作性和持久性，同时评估其潜在价值、风险和可能的发展空间，为相关的投资决策提供有力的支撑和参考。尽职调查的内容既包括对投资对象财务、法律、市场、技术和管理等方面的调查和分析，也包括对潜在投资对象所面对的环境、社会和政策等因素的调查和分析。

（三）**签署协议**

在完成尽职调查后，私募股权基金与投资对象将基于双方协商的结果，明确界定投资金额、期限、方式、各自的权利与义务，以及退出的具体条件、方式和时间等细节。随后，双方将正式签订投资协议，根据需要，可能还包括股东协议、管理协议和退出协议等配套文件，以此通过书面形式巩固双方的投资意向和承诺，确保投资行为的规范与透明。

（四）**实施股权激励**

为了促进投资对象的管理团队和核心成员与投资者利益趋同，推动目标企业或项目持续成长与价值提升，私募股权基金通常会对核心成员采用股权激励策略。这包括授予股权期权、允许认购股份、发放股权红利以及设定股权回购计划等多种方式，旨在通过股权或与股权相关的奖励机制，激励关键人员为实现共同目标而努力。

（五）**管理参与**

管理参与是私募股权基金为确保和提升其投资的价值和收益，并协助企业实现其发展愿景而采取的一种策略。该策略包括参与目标合作伙伴的经营和管理，为其提供资金、技术和管理上的支持。参与管理的途径包括设置董事、监事和顾问等人员，这些人员负责参与被投企业的策略布局、经济管理、人事策略和市场推广等，同时还提供针对投资对象的各种培训、顾问咨询和推介服务。

（六）退出安排

退出安排是私募股权基金为了实现投资回报，并释放其投入的资源和资金而采取的一种终止投资，并将其股权或相关权益进行转移或回收的具体行动。退出的具体方案包括上市退出、合并与收购退出、拆分后退出以及回购退出等。

四、私募股权基金的投资理念和基本策略

（一）投资理念

1.价值发现与创造

私募股权基金秉持的核心投资理念在于追求价值的挖掘和创新。该理念的核心思想是，基金管理人通过全面、深入的企业基本面分析，预测行业未来趋势，评估企业的竞争优势，并识别出那些市场价值被低估但具备长远增长潜力的企业进行投资。基金投资人坚信，随着企业的增长，被低估的价值最终将回归至合理的价值区间。这一理念强调投资人需要拥有长远的战略视野，并对企业拥有坚定不移的信心，以共同致力于企业的成长，共同创造价值。

2.长期陪伴与共赢原则

与短期的投机活动不同，私募股权基金更倾向于选择长期投资的模式。私募股权基金通过长期持有被投资方的股权，并积极参与其日常运营管理，成为企业长期增长中的稳定合作伙伴，共同分享企业价值提升带来的丰厚回报。这一商业策略强调投资者应当维持一个稳定的投资心态和持续投入资源的能力，以便更好地保障企业持续健康发展。

3.全面主动的创新合作意识

私募股权基金的投资理念还体现在对投资流程的主动全面管理以及对

创新合作的重视上。除了对目标企业现有价值的重视外，私募股权基金更致力于为目标企业提供财务、技术和管理等多方面的支持，以助推目标企业价值的持续增长和竞争力的全面提升。私募股权基金高度重视与投资实体的紧密合作，共同探索创新路径，以实现双赢的发展目标。

(二)常见的投资策略

1.控股型投资策略

针对一些特定的情景，私募股权基金会采取控股式的投资手段，通过收购或增资扩股的途径，来获得目标企业的主导权。这一策略允许基金管理员在目标企业的决策过程中起核心作用，他们可以更有效地参与企业的策略制定、管理运营以及资源调配，从而帮助企业更为迅速地发展。对于处在成长阶段或转型阶段的企业而言，控股型投资特别合适，因为这类企业需要外部力量的深度介入，以促进企业实现跳跃式的发展。

2.参股型投资策略

与控股型投资方式不同，在参股型投资的框架下，私募股权基金只拥有目标企业的一部分股份，而不追求持有控股权。这一策略不仅维持了企业的独立性，还向企业提供了必需的资金援助和专业的管理建议。对于那些已经形成了一定规模以及市场优势的成熟企业，或者那些在某些特定行业中具有独特竞争优势的企业来说，参股型投资是一个合适的选择。通过灵活的支持方式，参股型投资可以协助企业巩固其市场地位，从而实现持续的增长。

3.联合投资策略

私募股权基金为了提高资本投资能力、降低投资风险以及共享高品质资源，通常会使用联合投资的策略。依据这个策略，众多私募股权基金联合对同一个项目或企业进行投资。通过联合投资的方式，基金公司不仅可以汇聚各方的优势资产，而且能进一步提升投资决策的科学性与合理性；通过多家组织的合作与协同，可以增加对被投资企业或项目的支持和管理，进一步促进企业朝着更优质的方向高速成长。

4.分阶段投资策略

私募股权基金擅长采用分阶段投资策略,以满足不同成长阶段被投资企业的具体需求和风险考量。基金管理者依据被投资企业的实际成长状况和市场趋势,有策略地调节投资速度和规模,确保资金得到充分利用并有效地管理风险。在企业的初创阶段或成长的早期,私募股权基金或许会注入相对较少的资金,以助力企业研发和拓展;当一个品牌或企业开始走向成长并逐步显示出其较高的盈利潜力时,私募股权基金则会加大投资以推动其进一步增长,或实施并购整合。分阶段投资策略强调基金管理者应具备敏锐的市场洞察力和敏捷的投资决策能力,从而精确地把握投资机会,帮助企业追求价值最大化。

五、私募股权基金的投资功能

私募股权基金的投资行为不仅为被投企业和投资者带来直接的经济价值与回报,更对整个行业、地区乃至社会产生着积极的正面影响。以下是私募股权基金的主要投资功能。

(一)资本供给

私募股权基金作为资本和企业之间的桥梁,为被投企业注入急需的资金,助力其实现长远发展规划,克服资金短缺问题。这种资金支持具有持续性、长期性和充足性的特点,能够确保被投企业顺利开展研发、生产、市场推广及业务拓展等,进而提升其市场竞争力与盈利能力。同时,私募股权基金提供的投资机会灵活多样,且基于理性分析,有助于被投企业降低融资成本,减少利息负担,甚至获得担保和便捷的还款安排,从而优化资金使用效率,提升整体财务效益。

(二)技术引进

技术引进是私募股权基金为被投企业带来的关键支持之一,旨在引入前沿、实用且高效的技术解决方案,以提升该企业产品或服务的质量与水平,解决其技术滞后问题。在这一过程中,私募股权基金不仅扮演着连接国内外技术资源的桥梁角色,还为企业打开了获取最新、最有价值技术工具的大门,如专利保护、行业标准及先进投资模式等,显著增强了企业的技术创新力与市场竞争优势。此外,基金还助力技术转移与应用,促进企业将先进技术融入产品与服务中,实现技术优化与升级,进而提升产品性能与价值。

(三)管理的提升

管理改进是私募股权基金为被投企业创造的重要价值之一,通过引入科学、规范且高效的管理方法,优化企业的组织结构与运营流程,解决管理难题,提升整体效能。私募股权基金的核心优势在于能为被投企业配备经验丰富的专业管理团队和顾问,助力其构建和完善适应性强、效能卓越的管理体系,涵盖战略规划、财务管理、人力资源配置及市场营销等多个关键领域,从而提升管理水平和执行力。同时,基金还提供管理监督与参与,确保企业在管理决策过程中保持高效、合规与责任感,全面提升管理效果与质量。

(四)市场拓展

私募股权基金的市场拓展战略,核心在于为被投企业开辟广阔且充满机遇的市场空间,促进其产品与服务在更广泛市场上推广与销售,突破现有市场局限。这一战略不仅助力企业连接国内外丰富的市场资源与渠道,更赋予企业拓展新市场、占据市场高地的能力,进而提升市场份额与品牌影响力。同时,私募股权基金通过提供深入的市场调研与分析,助力企业精准把握市场动态,灵活应对市场变化,增强市场适应力与竞争力。

第二节 私募股权基金在乡村振兴中的作用

一、私募股权基金在乡村振兴中的核心贡献

私募股权基金作为社会资本的核心力量,凭借其卓越的投资专业能力、高效的资金运作机制及敏锐的市场洞察能力,在乡村振兴战略中发挥着不可或缺的作用。

(一)促进农业创新与转型升级

面对乡村振兴的复杂任务,私募股权基金以其独特的资本优势,成为农业创新与转型升级的重要驱动力。私募股权基金不仅为农业创新项目注入关键要素即资金,还通过技术引进与管理优化策略,加速农业向数字化、智能化、绿色化转型的步伐。在乡村振兴的核心领域,私募股权基金精准施策,重点支持农产品加工、农业服务、农业电商等产业链关键环节的优质企业,有效补足了农业产业链条中的短板。此外,通过整合科技、金融、人才等多方资源,私募股权基金深度参与农业供给侧结构性改革,显著提升了农业的附加值与市场竞争力,为农业产业的全面升级奠定了坚实基础。

(二)增加农民收入与财富积累

针对城乡收入差距大的问题,私募股权基金通过实施股权激励、分红分配等机制,让农民能够直接参与和分享企业成长的收益,实现了农民身份从单纯生产者向投资者、受益者的转变,有效拓宽了农民增收的渠道。此外,私募股权基金所支持的农业创新项目还创造了大量就业机会,进一步促进了农民财富的积累与生活质量的提升,为缩小城乡收入差距、推动共同富裕

目标的实现做出了积极贡献。

(三)推动乡村治理现代化进程

私募股权基金在推动乡村治理现代化的进程中发挥着不可或缺的作用。一方面,私募股权基金积极参与乡村基础设施建设和公共服务改善项目,为乡村治理提供坚实的物质基础。另一方面,通过引入现代治理理念和模式,私募股权基金促进了乡村社会治理机制的创新,提升了乡村治理的科学化、民主化水平。这些努力不仅增强了乡村治理的效能,还有效促进了乡村社会的和谐稳定,为乡村振兴战略的深入实施奠定了坚实的治理基础。

(四)应对乡村振兴的挑战

面对乡村振兴过程中遇到的城乡收入差距大、一产附加值低以及劳动生产率差异显著等挑战,私募股权基金通过其专业投资能力,在多个维度上积极发挥作用,助力乡村振兴战略的深入实施。

在缩小城乡收入差距方面,私募股权基金不仅关注农业创新和产业升级,通过支持农业科技研发、推广现代农业技术和管理模式,提高农业生产效率和附加值,从而间接促进农民收入增长,缩小城乡收入差距;还致力于培育农村新兴产业,如乡村旅游、农村电商等,为农村地区创造多元化的就业渠道和收入来源,从而进一步促进农民收入的提高。

在提升一产附加值方面,私募股权基金充分发挥其市场敏锐度和资源整合能力,积极投资于农产品深加工、农业服务等二三产业领域,通过延长农业产业链条、推动农产品品牌化建设、加强农产品市场营销等方式,有效提升农业的整体效益和附加值。此外,私募股权基金还促进一二三产业的融合发展,构建现代农业产业体系,推动农业向更高质量、更高效益的方向发展。

在改善劳动生产率差异方面,私募股权基金不但注重引入先进技术和装备,推动农业生产方式的变革,还通过投资智能农机、物联网、大数据等现代农业技术,提升农业生产的自动化、智能化水平,降低生产成本,提高劳动生产率。同时,私募股权基金还积极参与农村人才培养和人才引进工作,支持农业职业教育和技能培训项目,培养新型职业农民和农业技术人才,为农业劳动生产率的持续提升提供坚实的人才保障。

二、私募股权基金对乡村产业结构调整的促进作用

在乡村振兴战略中,乡村产业扮演着基石和核心的角色,不仅是推动乡村经济增长的主要动力,也是乡村社会稳定与发展的坚强后盾。优化乡村产业结构,是确保乡村产业持续发展的关键,也是促进产业升级和提升竞争力的重要策略。私募股权基金以其独特的投资方式、市场化运作、对创新和创业的坚定支持以及成熟的退出机制,成为推动乡村产业结构调整、促进经济繁荣的关键力量。在乡村产业结构调整的进程中,私募股权基金的作用和贡献主要体现在以下四个关键方面。

(一)激发产业创新活力

在乡村产业持续发展的进程中,创新扮演着至关重要的角色,是产业进步的不竭动力。私募股权基金通过精准识别乡村产业中的创新潜力点,积极投资那些致力于新技术、新设备引入与应用的项目。这些投资不仅为乡村产业提供了必要的资金支持,还伴随着先进管理理念与模式的引入,有效推动了乡村产业组织结构和运营模式的优化升级。

(二)引领产业转型方向

产业转型是乡村产业结构调整的方向和目标,是乡村产业发展的需求和选择。私募股权基金在此转型过程中,通过深度分析市场与产业特性,为乡村产业明确转型方向与目标;积极投资于深加工、服务化、品牌化等高附加值领域,促进产业链延伸及结构优化。同时提供资金、技术、管理、市场等

多维度支持。这些措施显著提升了乡村产业的产品质量、服务标准及经营效益,为乡村经济注入了强劲活力。

(三)助力产业升级提质

产业升级作为乡村产业结构调整的高级阶段与显著标志,不仅反映了乡村产业发展的实际成效,更是乡村产业提升竞争力、实现可持续发展的重要基石与保障。私募股权基金精准投资于乡村产业升级项目,为这些项目提供包括资金、技术、管理、市场等在内的全面支持。这些项目往往聚焦于提升产品质量、优化服务标准、扩大生产规模等方面,旨在实现乡村产业从量到质的飞跃。具体而言,私募股权基金的投资促进了乡村产业生产技术的革新与工艺流程的优化,同时推动了乡村产业管理模式的现代化转型,为乡村产业构建了更加高效、灵活的发展框架。

(四)推动产业集聚发展

产业集聚是乡村产业结构调整的途径和手段,是乡村产业发展的机制和动力,还是乡村产业协同和协作的平台和载体。私募股权基金通过投资具有集聚潜力的乡村产业项目,促进其相关企业在地理空间上的集中布局与协同发展。这种集聚效应不仅降低了企业的运营成本与交易成本,还增强了企业间的资源共享与优势互补能力,进一步提升了乡村产业的综合竞争力。

三、私募股权基金对乡村产业附加值提升的推动作用

在乡村振兴战略背景下,提升乡村产业附加值是增强乡村产业竞争力、促进乡村经济高质量发展的关键路径。私募股权基金通过其独特的投资机制与全方位的服务体系,对乡村产业附加值的提升发挥着显著的推动作用。

（一）支持深加工，提升产品价值链条

乡村产业的发展离不开深加工的支持，通过深加工，可以将初级产品转化为高附加值的产品，提高乡村产业的竞争力。私募股权基金通过精准投资乡村产业的深加工项目，有效延长了农产品的价值链条，提升了初级农产品的附加值。这些深加工项目不仅涵盖产品精细化加工、高附加值产品开发等多个环节，还促进了农产品向食品、保健品、化妆品等多领域延伸。私募股权基金的资金注入与技术引入，使得乡村产业能够采用更先进的生产技术和工艺，提升产品质量与档次，从而增强市场竞争力，实现产品价值的最大化。

（二）加速服务化转型，重塑产业结构格局

乡村产业向服务化转型，是提升乡村产业附加值的关键路径。通过引入专业化、高效化的服务模式，乡村产业能够显著增强其整体竞争力，从而推动附加值的增长。在这一过程中，私募股权基金通过投资农产品物流、质量检测、金融服务等关键服务领域，为乡村产业提供强有力的支持。这些服务项目的实施，不仅优化了乡村产业的运营流程，提升了其管理水平，还深刻影响了乡村产业结构的布局，促进其向更高层次、更合理化的方向发展。此外，服务的深化使得乡村产业能够更加聚焦于核心竞争力的构建与强化，同时灵活应对市场多元化、个性化的变化。这种适应性不仅有助于乡村产业进一步巩固其在市场中的竞争地位，还能够显著提升其产品的附加值和产业的整体效益。

（三）强化品牌化，塑造市场影响力

品牌是产品附加值的重要体现。私募股权基金通过投资具有潜力的品牌化项目，助力乡村产业打造具有市场影响力的品牌。这些品牌项目不仅注重产品质量与服务的提升，还通过品牌营销、渠道拓展等多种手段，提升品牌的市场认知度与美誉度。私募股权基金在品牌化过程中的资金、技术

与管理支持，使得乡村产业能够更快地塑造具有鲜明特色与竞争优势的品牌形象，进而在市场中占据更为有利的竞争地位，实现附加值的显著提升。

四、私募股权基金对乡村就业和收入增加的带动作用

在乡村振兴战略的深入实施过程中，促进乡村就业与增加农民收入是乡村振兴的核心目标之一。私募股权基金凭借其独特的资本运作模式和专业的投资管理能力，通过支持乡村产业的规模化、多元化、专业化发展，对乡村就业与收入的增加产生了显著的带动作用。

（一）助力产业规模化，催生就业新机遇

私募股权基金精准助力有潜力的乡村产业，以资金为翼，推动其规模化发展。私募股权基金不仅助力乡村产业生产扩容、技术革新，还促进了产业链的深化整合，从而催生了广泛的就业机会。例如，四川省乡村振兴投资引导基金投资乡村农产品加工企业，助力其扩建基地、引入自动化生产线，生产效率跃升，直接吸纳大量农村劳力，为当地就业市场注入活力，有效缓解了就业压力。同时，基金还通过技术与管理赋能，助力乡村产业实现科学运营，巩固规模化成果，提升产业竞争力与盈利能力，为农民收入增长奠定坚实的基础。[1]

（二）驱动产业多元化，拓宽增收路径

私募股权基金在乡村产业版图上积极布局，推动多元化发展。其投资触角延伸至农产品深加工、乡村旅游、农村电商等新兴领域，不仅丰富了乡村产业生态，还大幅提升了产业附加值与经济效益。新兴产业的崛起，为乡

---

[1] 一支乡村振兴投资引导基金发展记［R/OL］.（2023-05-07）［2024-05-22］. https://mp.weixin.qq.com/s?_biz=MjM5OTExMjYwMA==&mid=2670130887&idx=8&sn=c3ea414ba5e6976f65374f2ee6f0166a.

村居民开辟了更多就业与增收渠道。如浙江省乡村振兴基金投资浙江省多个乡村旅游项目，打造特色民宿、规划旅游线路，游客纷至沓来，带动餐饮、住宿等配套产业繁荣，农民收入显著提升，乡村经济焕发新活力。①

（三）强化产业专业化，提升就业品质与收入

私募股权基金在支持乡村产业时，尤为重视专业化建设。基金通过引入先进技术与管理经验，助力乡村企业提质增效，增强市场竞争力。专业化发展不仅提升了企业盈利能力，更为员工提供了广阔的职业发展空间与更高的收入保障。例如，丰农控股的恺丰产业基金投资农业科技企业，引入现代农业技术与智能管理系统，农产品产量与品质双提升。同时，企业加大对员工的培训力度，员工技能与综合素质显著提升。随着企业专业化水平的提升，员工收入也水涨船高，乡村居民生活品质得到实质性改善。②

五、私募股权基金对农村治理的改善作用

在乡村振兴战略的背景下，农村治理的现代化与有效性直接关系到乡村社会的和谐稳定与可持续发展。私募股权基金通过其独特的投资机制与全方位的服务体系，对改善农村治理水平发挥着不可忽视的作用。

（一）推动乡村企业法人化，促进经济发展

乡村企业作为农村经济的重要组成部分，其法人化进程对于提升企业管理水平、增强市场竞争力和促进经济发展具有重要意义。私募股权基金通过投资乡村企业，不仅为企业提供急需的资金支持，还帮助其完善法人治理结构，提升管理水平和创新能力。基金利用自身资源和网络优势，为乡村

---

① 浙江省人民政府.浙江省乡村旅游促进办法［R/OL］.（2023-02-02）［2024-05-23］.https://www.gov.cn/zhengce/2023/02/02/content_5743707.htm.
② 投资数十亿，丰农控股四大板块齐力助推惠州打造乡村振兴综合服务新模式［R/OL］.（2023-12-04）［2024-05-23］.http://www.chinaweekly.cn/html/sxjingji/61075.html.

企业引入先进技术和管理经验,推动企业转型升级和产业链延伸。例如,江苏省兴化市乡村振兴基金投资一家乡村农产品加工企业,通过引入现代加工技术和智能化管理系统,显著提升了该企业的生产效率和产品质量,同时帮助该企业拓展市场渠道,实现了品牌知名度和市场份额的双重提升。[①]

(二)强化乡村社会治理,优化决策效能

农村基层组织作为乡村治理的核心,其决策效能直接关系治理成效。私募股权基金通过资金注入与管理咨询,为基层组织赋能,提升其决策的科学性与执行力。基金依托专业知识与实战经验,为基层组织提供政策指导、战略规划与项目管理等咨询服务,助力其优化决策流程,确保决策质量。同时,基金深度参与治理实践,助力基层组织构建完善的治理与监督机制,保障决策高效落地与及时反馈。例如,浙江省乡村振兴基金携手乡镇政府,共筑乡村治理新体系,引入先进治理智慧,显著提升政府决策与执行效能,有效应对治理挑战。

(三)推动乡村监督深化,增进治理透明度

透明度与公正性是衡量乡村治理成效的关键标尺。私募股权基金积极融入乡村监督体系,助力提升治理透明度。基金发挥专业优势与影响力,推动村务公开与财务透明,确保村民知情权与监督权落到实处。同时,基金参与构建监督问责机制,对违规行为严加查处,维护治理公正与权威。例如,上海市崇明区新河镇井亭村的生态诚信自治基金,积极探索市域社会治理新路径,通过政治、自治、法治、德治、智治"五治"融合,打破乡村治理"阻塞障碍",畅通乡村服务"神经末梢",激活村民自治"组织细胞",最大限度提升村民群众的获得感、幸福感、安全感。[②]

[①] 两部门:鼓励社会资本投资13个重点产业和领域 探索设立乡村振兴投资基金[R/OL].(2023-12-04)[2024-05-24].https://www.nbd.com.cn/articles/1737752.html.
[②] 崇明这个村创立了一笔自治基金[R/OL].(2022-07-17)[2024-05-24].https://www.thepaper.cn/newsDetail_forward_19057404.

第三节　乡村产业投融资现状与挑战

乡村产业投融资作为乡村振兴与农业现代化的重要支撑,其重要性不言而喻。它如同一股清泉,滋养着乡村产业的创新、转型与升级之路,助力产业结构优化,提升产业品质与市场竞争力。这一过程,不仅丰富了乡村经济的内涵,提高了其附加值,还带动了就业增长,拓宽了农民收入渠道,使乡村居民得以共享发展成果。然而,乡村产业投融资之路并非坦途,而是面临诸多挑战。如何更有效地引导资金流向乡村产业,如何精准对接产业需求与资本供给,如何破解融资难、融资贵等问题,成为摆在我们面前的现实课题。此外,随着乡村治理体系的不断完善,如何确保乡村产业投融资活动的规范性、透明度,并增强乡村社会的凝聚力与向心力,成为当前亟待解决的问题。

一、乡村产业投融资概述

乡村产业投融资作为推动乡村经济发展的重要动力,旨在为乡村产业的成长提供资金支持和金融服务。这一过程涵盖了投资与融资两个核心环节,它通过资本的有效配置,促进乡村产业的创新、转型、升级与集聚,进而实现乡村产业结构的优化、效益的提升,并带动乡村就业的增加、收入的提高,为乡村振兴和农业现代化奠定坚实基础。

乡村产业投融资作为推动乡村振兴的关键动力,其内涵丰富且多维,具体可从参与主体、作用对象、投融资方式、投融资效果及衡量指标五个方面进行深入剖析。

（一）参与主体的多元化

乡村产业投融资的生态系统由多元化的参与主体共同构建，包括政府、金融机构、社会资本等投资者群体，他们投入不同规模的资金与资源，为乡村产业注入活力；同时，乡村产业内的企业、合作社、个体经营者等融资者，作为资金的直接受益者与使用者，是推动乡村经济发展的核心力量。此外，银行、证券、保险、信托、基金等中介机构，参与整个投融资流程，提供专业咨询、风险评估、资金调配等全方位服务，确保资金流动的顺畅与高效。

（二）作用对象的广泛性

乡村产业投融资的作用对象涵盖乡村经济的各个方面，从农业生产到农产品加工流通，从基础设施建设到公共服务提升，再到技术创新与产业升级，无处不彰显着投融资的深远影响。针对不同发展阶段、产业特点及具体需求，政府及其相关部门应当进行深入的调研与分析，以此为基础，合理规划与优先安排投融资对象。通过这样的努力，促进乡村产业结构的优化升级，促进乡村经济全面协调发展，实现经济效益与社会效益的双赢。

（三）投融资方式的灵活性

乡村产业投融资方式展现出高度的灵活性与适应性，既有直接投融资的简洁高效，如通过股权、债权等形式实现资金与项目的直接对接；也有间接投融资的稳健多样，借助金融市场与金融机构的力量，如银行贷款、证券发行、基金募集等渠道，拓宽资金来源，降低融资成本。灵活选择适宜的投融资方式，有助于更好地匹配项目需求与资金供给，提升投融资效率与效果。

（四）投融资效果的双重考量

乡村产业投融资的效果评价兼顾效率与效益双重维度。效率方面，聚焦于资金使用的投入产出比，通过资金使用率、资金周转率等指标衡量资金运作的效率；效益方面，则关注投资产出与目标之间的契合度及贡献度，以投资收益率、融资收益率等指标反映投资的价值创造与经济增长贡献。从上述两方面,构建科学的评估体系与方法,确保对投融资效果进行全面、准确、客观的衡量与评估。

(五)衡量指标的科学性

建立科学合理的衡量指标体系,是乡村产业投融资效果评估的关键。这些指标需具备科学性、可比性、可操作性等特点,能够精准捕捉投融资活动的核心要素与关键变化,全面反映乡村产业投融资的实际成效与发展趋势。合理的衡量指标体系,不仅能为乡村产业投融资提供明确的指导方向与目标定位,还能为政策制定者、投资者及社会各界提供有力的决策支持与信息参考。

二、乡村产业投融资现状

(一)推动乡村产业投融资的因素

近年来,随着我国乡村振兴战略的深入实施,乡村产业投融资领域展现出了蓬勃的发展态势,不仅规模持续扩大,结构也日益多元化。这一积极变化得益于多方面因素的综合作用。

一是政府财政投入显著增强。中央与地方政府携手加大对乡村振兴的支持力度,通过专项资金、政策补贴等多种形式,为乡村产业发展提供了坚实的资金保障。同时,社会资本积极响应国家号召,通过政府和社会资本合作(public private partnership,PPP)模式、农业产业投资基金等创新渠道,深度参与乡村产业建设,有效激发了市场活力,为乡村产业带来了新鲜血液和强大动力。

二是金融机构在乡村产业投融资中扮演着关键角色。金融机构不断创新信贷产品和服务模式,针对乡村企业的实际融资需求,为其量身定制解决方案,有效缓解了乡村企业长期以来面临的融资难题。此外,民间资本对农业产业化的投资热情高涨,2023 年民间固定资产投资额已接近 2.5 万亿元①,占比超过五成,成为推动乡村产业发展的重要力量。

三是直接融资渠道的多元化发展进一步拓宽了乡村产业的资金来源。农产品期货期权市场的逐步完善、银行间债券市场的创新以及私募基金对乡村产业的积极介入,特别是"三农"信贷投入稳定增长,共同为乡村企业提供了更加丰富多样的融资选择。例如,2023 年年末涉农贷款余额高达 56.6 万亿元,同比增长 14.9%②,充分彰显了金融系统对乡村振兴的全力支持。

四是政策层面。《社会资本投资农业农村指引》等文件的出台,为引导社会资本有序、高效地投入乡村产业提供了明确的方向和路径,促进了创新投融资机制的形成,有效满足了乡村振兴多样化的资金需求。同时,市场化融资主体的多样化趋势明显,地方政府、城投公司、农业龙头企业及金融机构等多方力量,通过股权融资、债券发行等多种协同合作的方式,共同推动乡村产业实现持续繁荣与发展。

(二)当前乡村产业投融资的规模与结构

2024 年 2 月 5 日,艾格农业微信公众号发布的《2023 年中国农业食品投资年报》(以下简称《年报》)数据显示,尽管资本市场整体面临挑战,但乡村产业投融资领域依然展现出较强的韧性和吸引力。全年投资事件数量达到 1011 起,同比增长 15.41%,显示出投资者对乡村产业发展前景的坚定信心和持续看好。值得注意的是,尽管投资事件数量有所增长,但募集资金总额约为 1281.95 亿元,同比下降 11.38%,这在一定程度上反映了资本市场资金紧张的现状。

---

① 国家统计局.中华人民共和国 2023 年国民经济和社会发展统计公报[R/OL].(2024-02-29)[2024-04-29].https://www.stats.gov.cn/sj/zxfb/202402/t20240228_1947915.html.
② 中国人民银行.2023 年金融机构贷款投向统计报告[R/OL].(2024-01-26)[2024-04-29]. http://www.pbc.gov.cn/goutongjiaoliu/113456/113469/5221508/index.html.

《年报》显示,在投资结构上,食品饮料、农业科技与服务、餐饮及供应链等板块成为私募股权投资的重点领域,分别占据了投资事件数量的前三名,占比分别为38.65%、15.06%和14.83%。这一分布格局不仅体现了投资者对乡村特色产业及农业科技创新的高度关注和认可,也揭示了乡村产业转型升级的方向和趋势。从投资金额的角度来看,食品饮料、生物农业和餐饮及供应链板块同样占据显著地位,占比分别为42.08%、20.52%和13.70%,这进一步显示出这些领域在乡村产业投融资中的核心地位及重要作用。

此外,从《年报》中投资轮次分布来看,2023年Pre-A～A轮项目占比高达47.40%,且较上一年度有所扩大。这一变化趋势表明,私募股权基金在乡村产业投融资中更加注重对早期项目的培育和支持,希望通过早期介入来分享企业成长带来的丰厚回报。同时,这一趋势也体现了资本在当前经济环境下的谨慎态度,以及对项目质量提出的更高要求。一方面,资本逐渐摒弃了对成熟明星项目的盲目追捧,转而采取更加理性的态度,对项目的价值和潜在风险进行全面评估;另一方面,"种子轮"及"天使轮"项目占比的缩水也反映出市场资金紧张的现状和对项目筛选标准的提升。

三、乡村产业投融资面临的挑战与对策建议

(一)面临的挑战

1.投融资渠道较为单一

目前,乡村产业投融资主要依赖政府财政资金,社会资本和金融资本的参与度相对较低。这种单一的投融资结构限制了资金来源的多样性和稳定性,难以满足乡村产业快速发展的多元化资金需求,需要通过政策引导和市场激励,鼓励更多的社会资本和金融资本投入乡村产业。

2.金融产品和服务创新力度不足

乡村地区的金融基础设施建设相对滞后,金融机构对乡村产业的金融产品和服务创新不足,难以满足乡村产业特有的融资需求。乡村产业通常具有周期长、风险高、收益不稳定等特点,这就要求金融机构开发出更加灵活、适应性更强的金融产品,以更好地服务乡村产业的发展。

3.产业基础相对薄弱,盈利能力受限

部分乡村产业仍处于发展的初级阶段,存在技术水平不高、产业链条短、产品附加值低等问题,这些因素限制了企业的盈利能力和市场竞争力,进而影响了外部资本的投入意愿。加强产业基础建设,提升产业技术水平和附加值,是吸引资本投入、增强产业自我发展能力的关键。

4.政策支持和监管机制有待完善

虽然国家已经出台了一系列支持乡村产业发展的政策措施,但在政策的落地执行和监管机制方面还存在不足。政策的不完善和监管的不到位,可能会降低政策的实施效果,影响投资者的信心和积极性,因此需要进一步完善相关政策,加强监管,确保政策措施真正落到实处。

5.信用体系建设滞后

乡村地区的信用体系建设相对滞后,农户和中小企业的信用信息不完整,信用意识不强,这增加了金融机构在信贷风险评估和控制上的难度,导致融资成本上升,信贷规模受限。因此,建立健全乡村信用体系,提高农户和企业的信用意识和信用水平,对于降低融资难度、扩大融资规模具有重要意义。

(二)对策建议

为应对乡村产业投融资面临的挑战,应采取以下综合措施:第一,通过政策引导和市场激励机制,拓宽投融资渠道,吸引更多社会和金融资本投向乡村产业;第二,鼓励金融机构创新,开发与乡村产业特性相匹配的金融产

品和服务,以提高服务的适应性和灵活性;第三,加强乡村产业的基础建设,通过技术升级和产业链完善,增强乡村产业盈利能力和市场竞争力;第四,完善政策支持框架和监管机制,确保政策的有效执行,营造有利的政策环境;第五,加快乡村信用体系的建设,提升信用信息的完整性和准确性,以降低融资风险、扩大融资规模。以上综合措施将全面提升乡村产业的投融资效率,为乡村振兴战略的深入实施提供坚实的支持。

第四节 私募股权基金在乡村产业投融资中的实际表现

随着乡村振兴战略的全面铺开,私募股权基金作为金融创新的重要工具,在乡村产业投融资领域发挥着日益显著的作用。乡村振兴私募股权基金(以下简称"乡村振兴基金")作为在这一领域的特定应用和深化,自2018年起,逐步成为推动乡村经济转型升级的重要力量。

乡村振兴基金主要由各级财政或政府投资基金单独出资,或联合社会资本共同发起设立,以乡村振兴为核心策略,精准对接乡村产业发展的需求。其名称、管理实体及有限合伙人(limited partner,LP)均明确标注了"乡村振兴""乡村发展""乡村产业"等关键词,这既凸显了其使命与定位,也确保了其与乡村经济多样性和可持续发展的高度契合。

一、建立乡村振兴基金的背景与动机

设立乡村振兴基金,是深刻响应国家乡村振兴战略部署、精准对接乡村发展迫切需求的必然产物。党的十九大报告明确提出实施乡村振兴战略,旨在推进农业农村现代化。随后,2018年《中共中央 国务院关于实施乡村

振兴战略的意见》和 2021 年《中共中央 国务院关于实现巩固拓展脱贫攻坚成果同乡村振兴有效衔接的意见》等纲领性文件,为乡村振兴基金的设立提供了坚实的政策依据和理论指导。这些文件不仅强调了加大财政金融支持、鼓励市场化运作设立乡村振兴基金的重要性,还明确了基金在推动乡村产业发展、巩固脱贫攻坚成果与乡村振兴有效衔接等方面的核心作用。

乡村振兴基金的设立,是积极响应国家号召、深入实施乡村振兴战略的标志性举措。它肩负着推动农业、农村全面发展的重要使命,旨在汇聚多方资源,为乡村注入强劲的内生动力。基金不仅关注乡村产业的转型升级,还致力于提升乡村居民收入水平、改善生态环境、传承乡村文化、增强乡村治理效能,以全方位推动乡村走向繁荣振兴。

此外,乡村振兴基金在推动乡村治理体系和治理能力现代化方面也发挥着核心支撑作用。它通过激发乡村社会主体的活力与创造力,促进资源优化配置与高效利用,增强多元主体间的协同合作,有助于构建乡村社会协同共治机制,营造和谐稳定的乡村社区环境,为乡村治理现代化奠定坚实基础。

二、乡村振兴战略政策脉络

(一)战略的启动与顶层规划

2018 年 1 月《关于实施乡村振兴战略的意见》发布,明确指出了乡村振兴的方向与主要任务,特别是强调需要开辟新的投融资途径并加强乡村振兴资金的保障,这标志着乡村振兴战略的正式启动。同年 9 月,《乡村振兴战略规划(2018—2022 年)》作为顶层设计文件正式出台,进一步明确和细化了乡村振兴战略的核心目标以及行动的具体实施途径。

(二)规划的细化与金融支持

2019 年 2 月和 3 月之间,中国人民银行联同其他部门发布了《关于金融服务乡村振兴的指导意见》,强调金融在乡村振兴中的关键作用;中国银行保险监督管理委员会(下称银保监会)陆续发出一系列通知,如《关于做好2019年银行业保险业服务乡村振兴和助力脱贫攻坚工作的通知》。这些文件的出台,为金融机构更加高效地支持和服务乡村振兴指明了方向。

(三)深入推进并对体系进行创新

2020—2021年成为乡村振兴政策深化实施的关键年。中共中央、国务院于2020年年底发布《关于实现巩固拓展脱贫攻坚成果同乡村振兴有效衔接的意见》,2021年年初又发布《关于全面推进乡村振兴加快农业农村现代化的意见》,这两份文件更加明确了乡村振兴新阶段的具体目标和具体任务。2021年4月1日,银保监会发布《关于2021年银行业保险业高质量服务乡村振兴的通知》,强调金融服务质量的提升。同年4月,全国人大常委会通过了《中华人民共和国乡村振兴促进法》,为乡村的复兴提供了坚实的法律保障。

2021年6月,中国人民银行与银保监会联合推出《金融机构服务乡村振兴考核评估办法》,进一步明确了乡村振兴金融服务的评价标准,并作为对上文提到的《关于金融服务乡村振兴的指导意见》的响应行动。

2021年9月,银保监会发布《关于金融服务乡村振兴创新示范区建设工作的通知》,旨在加快金融创新与示范区建设的进程,促进金融服务模式和组织结构的创新。

(四)持续推动与强化支持

2022年,中共中央、国务院发布《关于做好2022年全面推进乡村振兴重点工作的意见》,明确年度的关键任务;中国人民银行发布《关于做好2022年金融支持全面推进乡村振兴重点工作的意见》,确保金融支持的连续性和有效性。

(五)最新进展与未来展望

2023年,乡村振兴进入新阶段。2023年2月13日,中共中央、国务院发布《关于做好 2023 年全面推进乡村振兴重点工作的意见》，持续推动乡村振兴各项工作。同年 6 月，中国人民银行等五部门联合发布《关于金融支持全面推进乡村振兴 加快建设农业强国的指导意见》，为乡村振兴与农业强国建设提供了更加全面和深入的金融支持策略。

三、乡村振兴基金发展历程

在乡村振兴战略正式提出之前，我国针对农业产业的基金布局已悄然萌芽。2010 年，中央一号文件吹响了提升农村金融服务效能的号角，明确提出设立农业产业发展基金的战略方向。这一政策导向直接催生了我国首批农业基金，如国家级层面的中国农业产业发展基金、国家种业基金及供销基金等，地方上则有河南农业开发产业投资基金等标志性项目，同时，企业界亦积极响应，中粮基金、光明投资、新希望产业基金等纷纷成立，共同绘就了农业基金的初步蓝图。

进入 2015 年，农业基金的发展进入了一个集中爆发期，"国家队"成员如中信农投、央企扶贫基金等相继涌现，而温氏集团、佳沃集团等企业也纷纷设立自己的企业战略投资机构，标志着农业基金生态圈的进一步丰富与多元化。

随着党的十九大正式确立乡村振兴战略，以该主题为核心的基金如雨后春笋般涌现，成为推动乡村经济发展的新引擎。2018 年 3 月，位于四川省的"宜宾五粮液乡村振兴发展基金"作为全国第一只专门针对乡村振兴的基金正式成立，标志着乡村振兴基金进入了一个全新的阶段。从那时起，各地的乡村振兴基金迅速铺展开来，显示出强劲的增长趋势。

乡村振兴基金的发展历程可细分为几个标志性阶段，包括初创的萌芽阶段、稳健发展的蓄势阶段、快速扩张的成长阶段以及深化拓展的增长阶段。在这一演进过程中，乡村振兴基金不仅在数量上实现了显著增长，规模亦不断扩大,其业务触角更是日益广泛,深入各个角落。

值得注意的是,在农业资源禀赋丰富的广东、安徽、山东、江苏、四川、广西等地区,乡村振兴基金凭借其精准的定位与有效的运作,已成为推动当地经济高质量发展的关键力量。这些基金不仅为当地农业产业注入了新的活力,促进了农业现代化的进程,还带动了乡村基础设施的完善与公共服务水平的提升,为乡村全面振兴奠定了坚实的基础。

近年来,由于经济形势的新变化和乡村振兴战略确立的新目标,乡村振兴基金持续进行创新和调整,投资领域日益扩大,经营策略更偏向商业化,投资途径更为灵活多样。同时,乡村振兴基金积极引入互联网和大数据等前沿科技,为乡村产业的转型升级注入强劲动力,展现出广阔的发展前景和巨大潜力。

四、我国乡村振兴基金投资规模

根据艾格农业微信公众号发布的《2023年乡村振兴基金绿皮书》,截至2023年年底,全国乡村振兴基金管理规模为1642.39亿元,同比增长12.80%,累计设立数量177只,有25个省(区、市)设立了乡村振兴基金,尤其在经济或农业发达的省(区、市),基金发展如火如荼。

除央企外,乡村振兴基金规模前五的省份为广东、贵州、山东、江苏和安徽。《2023年乡村振兴基金绿皮书》指出,广东省的私募股权基金规模近400亿元,稳居首位,贵州省、山东省的乡村振兴基金管理规模均已超过200亿元,安徽省在2023年筹建的乡村振兴基金管理规模也接近100亿元。从数量上来看,广东省设立乡村振兴基金34只,江苏省设立乡村振兴基金30只,安徽省设立乡村振兴基金20只,山东省和四川省设立乡村振兴基金14只。广东省作为发达地区,其乡村振兴基金在数量上和基金规模上均排名第一,彰显了广东在推动乡村经济转型升级方面的决心与成效。尽管各地乡村振兴基金呈现出增长的态势(见图1-1),但其产品的发行量相较于巨大的市场需求而言,仍显不足,且主要依赖于政府的投资推动。因此,未来需要加大力度刺激市场活跃性,并推动投资实体的多样化发展。

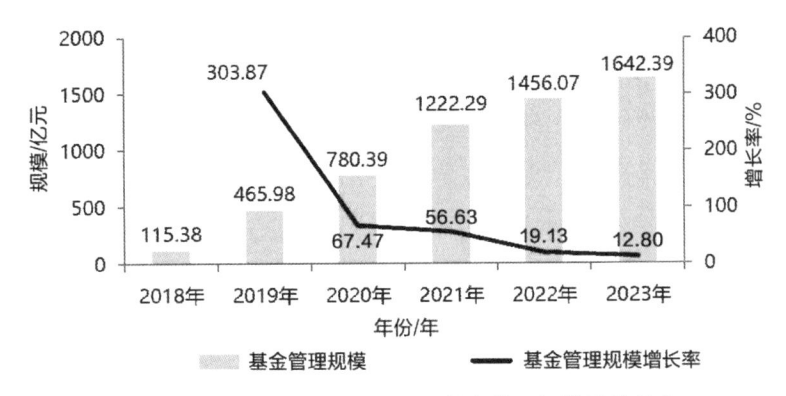

图 1-1 2018—2023 年乡村振兴基金管理规模及增长率

资料来源:艾格农业微信公众号。

五、我国乡村振兴基金投资地域分布

私募股权基金在乡村产业投资与融资方面的结构则呈现出显著的地域集中性和稳定性。华东、华南、华中以及西部地区逐渐成为资本的主要集散地。华东地区在这四大区域以36.1%的投资额和36.0%的投资率占据了领先地位,这里的乡村产业高度发达,其强劲的创新和市场竞争能力都是吸引大量资本的关键要素。华南地区因其丰富的多样性和前沿科技而著称,依靠广东等地的特色服务和消费型乡村产业,吸引了大量私募股权基金的关注。华中地区的经济模式以持续的价值产出为核心,并因其稳固的产业和规模化,成功吸引了众多的长期投资。值得特别关注的是,西部地区尽管起步较晚,但凭借丰富的自然资源、广阔的市场前景和极具吸引力的政策环境,正逐步崭露头角,成为私募股权基金投资的新兴热点区域。

在推动私募股权基金向乡村产业倾斜的过程中,地方政策的引导作用至关重要。各级政府通过实施一系列财政补贴、税收优惠、资金引导等多元化政策措施,为投资者构建了强有力的保障体系和激励机制。同时,政府还加强了监管与指导力度,确保资金流向的合规、有序,有效防控潜在风险,为乡村产业的持续健康发展提供了坚实的后盾。这些政策的实施不仅降低了私募股权基金投资乡村产业的门槛和风险,还极大地激发了市场活力,推动了资本与乡村产业的深度融合与协同发展。

私募股权基金在乡村产业投融资中的地域选择,是多重因素综合作用的结果。投资选择受到乡村产业成长程度、存在的巨大潜力及其差距的深刻影响,那些高质量且具有巨大发展潜力的乡村产业区,自然吸引了众多资本的关注。在风险与收益并存、差异明显的投资背景下,私募股权基金必须更加审慎地评估风险与收益,并据此制定独特的投资策略,以确保其长期价值的最大化。在未来,随着乡村振兴战略的不断深化和地方政策的持续完善,私募股权基金在乡村产业投资和融资方面的策略布局将变得更为精准且高效,这将极大地推动乡村的全面振兴进程。

六、乡村振兴基金促进乡村产业结构调整的机制

(一)资金引导与优化配置

乡村振兴基金通过募集社会资本,精准地将资金投向乡村地区的优势产业和具有潜力的项目。这种资金引导机制有助于优化乡村资源配置,促进传统农业向现代农业转型,同时培育和发展乡村新兴产业。相关统计数据显示,近年来,我国乡村振兴基金规模持续增长,大量资金涌入乡村特色产业和农业科技创新领域,有效推动了乡村产业结构的优化调整。

(二)产业链深度整合与协同发展

乡村振兴基金不仅成为资金的供给者,还扮演着产业链整合者的关键

角色。它精准投资于乡村产业链的关键节点,如农产品加工、物流仓储及终端销售等,旨在构建一个闭环且高效的产业链条。这种深度整合不仅强化了各环节间的协同效应,还促进了信息流、资金流与物流的流动,显著提升了乡村产业的整体竞争力与附加值。例如,通过投资农产品深加工企业,不仅拉长了产业链,还带动了上游种植业与养殖业的标准化、规模化发展,实现了从田间到餐桌的全链条增值。

(三)创新驱动与产业升级转型

面对产业升级的迫切需求,乡村振兴基金致力于成为技术创新的催化剂。它积极搭建产学研合作桥梁,引入外部科研力量与先进技术,助力乡村企业突破技术瓶颈,提升产品科技含量与附加值。同时,基金还鼓励企业进行设备更新与工艺改造,以提高生产效率与产品质量,推动乡村产业向高端化、智能化方向迈进。这种创新驱动的策略使乡村产业在市场竞争中占据先机,实现了从"制造"向"智造"的转型升级。

七、乡村振兴基金提升产业附加值的多元路径

(一)塑造品牌,创新市场营销手段

乡村振兴基金深刻认识到品牌力量在提升产品附加值中的关键作用,因此积极协助乡村企业构建具有地域特色的品牌体系,通过精准的市场定位与创新的营销策略,提升品牌知名度与美誉度。同时,基金还引导企业运用现代营销手段,如电子商务、社交媒体营销等,拓宽销售渠道,增强市场渗透力。这种品牌与市场的双轮驱动,有效提升了乡村产品的附加值与市场竞争力。

(二)开展多元化经营,拓展增值服务

为进一步挖掘乡村产业的潜力,乡村振兴基金鼓励企业开展多元化经

营,探索产业链上下游的增值服务空间。例如,依托乡村丰富的自然与人文资源,发展乡村旅游、休闲农业等新兴产业,实现农业与旅游、文化等产业的深度融合。这种多元化发展模式不仅丰富了乡村产业形态,还拓宽了农民增收渠道,为乡村经济注入了新的活力与增长点。

(三)拓宽视野,拓展国际市场

在全球化的今天,乡村振兴基金亦不忘助力乡村企业走向世界。它积极为乡村企业提供国际市场信息,搭建国际合作平台,支持企业参与国际竞争与合作。通过参与国际展会、建立海外营销网络等方式,乡村企业得以拓宽国际视野,获取更多国际订单与资源。这种国际化战略的实施不仅提升了乡村产业的国际影响力和竞争力,还为乡村经济的持续发展开辟了新的广阔空间。

本章小结

本章深入剖析了私募股权基金在乡村振兴战略中的重要地位与战略价值,强调其作为高效投融资工具对乡村产业发展的深远影响。私募股权基金凭借其出色的盈利能力、前瞻性的投资视野及灵活的运营机制,成为驱动乡村产业蓬勃发展的金融引擎。这些基金不仅有效汇聚社会资本,更聚焦于技术创新驱动、管理效能提升及市场拓展,为农业现代化转型、农民收入持续增长及农村治理体系现代化提供了强大动力。同时,本章通过详尽阐述乡村振兴基金的成立背景、发展历程、投资规模及地域布局,展现了其在优化乡村产业结构、提升产业附加值方面的卓越贡献与显著成效。

第二章 乡村振兴战略下私募股权基金实践与政策启示

在深入探讨私募股权基金在乡村振兴中的综合作用、投融资策略后,我们明确了私募股权基金作为重要资本力量在推动乡村产业转型升级、促进农民增收及提升乡村治理现代化等方面的关键作用。然而,理论探讨需与实际操作相结合,才能更好地指导私募股权基金在乡村振兴中的有效运用。因此,本章聚焦于私募股权基金在乡村振兴中的具体实践,通过典型省(区、市)及企业的案例分析,展示其在乡村产业发展中的实际成效与经验启示;通过深入挖掘案例背后的成功要素与面临的挑战,提炼出可复制、可推广的经验模式,为其他地区提供有益的借鉴。同时,本章还结合政策环境,探讨如何进一步优化私募股权基金在乡村振兴中的运作机制,提出针对性的政策建议,以期为乡村振兴战略的深入实施贡献更多的智慧与力量。

第一节 中央企业乡村振兴私募股权基金实践

在2021年1月4日中共中央、国务院颁布的《关于全面推进乡村振兴加快农业农村现代化的意见》中,乡村振兴基金首次被正式纳入政策视野,成为深化农村金融改革的重要工具。2月25日,国家乡村振兴局正式挂牌成立,这既是我国脱贫攻坚战取得胜利的一个标志,也是全面实施乡村振兴的里程碑。乡村振兴基金的投资策略具有灵活性,不局限于传统农业领域,而是依据当地农村发展的具体情况,选择具有潜力的产业进行投资,旨在激发农村经济的内生性增长。

一、中央企业在乡村振兴中的重要作用

中央企业作为我国经济的重要支柱,通常指由中央政府直接控股和管理的大型企业集团。在乡村振兴战略的实施过程中,中央企业凭借其强大的资金、技术和管理优势,发挥了不可替代的作用。从国家最新印发的指导性文件精神来看,中央企业正进一步强化组织力量,保持资金投入,在乡村产业振兴领域发挥引领作用。

中央企业在乡村振兴的广阔舞台上,聚焦于三大核心领域,即产业引领、消费帮扶与乡村建设,展现出非凡的责任感与行动力。在产业引领的征途上,他们尤为重视粮食安全这一国家命脉,积极投身于种业振兴的浪潮中,致力于农业关键核心技术的攻坚克难与先进农机装备的广泛普及,以此推动农业农村向现代化迈进。具体而言,中央企业通过设立专项基金、引进前沿技术、拓宽市场渠道等多种方式,为乡村地区量身打造特色优势产业,不仅提升了农产品的品质与产业的整体竞争力,更为乡村经济的蓬勃发展注入了强劲动力。

在消费帮扶方面,中央企业充分发挥市场机制的灵活优势,巧妙搭建起脱贫地区农副产品与市场之间的桥梁,增强重点帮扶地区涉农企业的核心竞争力,并通过举办各类消费帮扶活动,直接购买和帮助销售脱贫地区农产品,有效带动了当地农民的增收。

此外,在乡村建设方面,中央企业依托自身优势,聚焦农业产业园区开发建设等帮扶工作,推动乡村基础设施建设和公共服务水平的提升。这不仅改善了乡村居民的生产生活条件,也为乡村经济的可持续发展奠定了坚实基础。

二、典型的中央企业乡村振兴基金

(一)中央企业乡村产业投资基金[①]

中央企业乡村产业投资基金股份有限公司(基协备案编码:SEK444,曾用名"中央企业贫困地区产业投资基金股份有限公司")成立于2016年10月,由国务院国资委牵头,财政部参与发起,旨在响应国家贫困地区产业发展和乡村振兴战略。基金的成立,不仅体现了中央企业对国家战略的支持,也彰显了其在促进区域经济发展中的积极作用。

基金注册资本33.29亿元,由国家开发投资集团作为成员企业,国投创益产业基金管理有限公司担任基金管理人。截至2024年8月底,该公司官网显示,基金现有股东已达110家,其中涉及91家中央企业,募资规模达到337.43亿元。基金采取市场化运作、专业化管理,按照法人治理结构运行,并设立基金战略指导委员会,由国务院国资委、财政部、农业农村部(国家乡村振兴局)代表组成,提供战略指导。

基金主要投资于资源开发、产业园区建设、新型城镇化发展等领域,并适当投资养老、医疗、健康等民生产业。投资决策优先考虑吸纳就业人数多、带动力强、乡村振兴效果好的项目。基金依托当地资源禀赋和产业发展规划,选择具有区域特色、一定规模、管理规范、可持续经营的企业进行投资;优先考虑与央企、大型产业集团、龙头企业、上市公司合作的项目。对已建成企业的净资产要求不低于5000万元;对前期阶段或新设企业,股东各方共同拟投资金额不低于1亿元。

基金管理人为国投创益产业基金管理有限公司,该公司自2013年12

[①] 央企产业基金支持乡村振兴,撬动社会资本超2800亿元[EB/OL].(2021-12-24)[2024-05-31].https://www.21jingji.com/article/20240528/herald/8b9618d93cd39bf54a156e1654493b3d.html.

月 27 日成立以来,始终致力于通过市场化运作巩固脱贫攻坚成果,并积极服务乡村振兴战略。作为国投集团的全资子公司,截至 2024 年 8 月底,公司官网显示,国投创益受托管理多项重要基金,包括欠发达地区产业发展基金、中央企业乡村产业投资基金、大同助力农村产业投资基金、安康乡村科技振兴发展基金、创益盛屯新能源产业投资基金、影响力产业基金、影响力种业基金、影响力新能源产业基金、海南穗达股权投资基金,累计募资规模已超过 483.63 亿元。

(二)中国农垦产业发展基金[①]

中国农垦产业发展基金(有限合伙)(基协备案编码:SCZ631),成立于 2017 年 11 月,出资额 100.08 亿元,其中,中央财政出资 20 亿元,北大荒投资控股有限责任公司出资 40 亿元,深圳市招融农垦投资有限责任公司出资 15 亿元,农银金融资产投资有限公司出资 10 亿元,北京首农食品集团有限公司出资 5 亿元,海南农垦金融控股有限公司出资 5 亿元,无锡产发聚丰投资合伙企业(有限合伙)出资 5 亿元等。执行事务合伙人为招垦资本管理(北京)有限公司。

中国农垦产业发展基金是根据《中共中央 国务院关于进一步推进农垦改革发展的意见》的有关要求,由财政部、农业农村部、招商局集团共同发起设立的国家级产业投资引导基金,以农业科技、农产品现代流通、农产品消费升级为三大投资主线,旨在通过整合垦区重要农产品的生产、加工和流通,推进资源优化配置,推动一二三产业融合发展,培育具有国际竞争力的大企业、大集团,充分发挥农垦在推进农业农村现代化和实施乡村振兴战略中的骨干作用。

截至 2023 年年底,中国农垦产业发展基金(中垦基金)已在多个省(区、

---

① 中央财政设立农垦产业发展基金 有力助推农垦改革发展和乡村振兴[EB/OL].(2018-02-01)[2024-05-31].https://www.gov.cn/xinwen/2018/02/01/content_5262857.htm.

市),包括北京、浙江、贵州、宁夏、重庆、湖南等地区,成功设立了乡村振兴子基金系列,累计规模接近百亿元人民币。中垦基金不仅在农业科技领域进行前瞻性投资,探索新业态和新模式,而且秉承"发展合作伙伴"的理念,积极促进所投资企业与垦区资源的深度融合。通过双向互动,中垦基金不仅加速了所投资企业的发展,也推动了垦区企业的科技化改造,实现了共赢。

在生物育种的前沿领域,中垦基金针对关键技术难题,精准投资寿光蔬菜集团,并成功促成其与海南、广西、浙江等地农垦企业的紧密技术合作,共同攻克了一系列技术难题。在智能农机装备领域,中垦基金独具慧眼,投资行业领军企业柳工集团与无锡卡尔曼,显著推动了国产农机技术的飞跃与创新。在农业数字化浪潮中,中垦基金携手航天云网、国双科技等高科技企业,推动了数字科技与农耕实践的深度融合,助力完达山乳业等农业领军企业加速数字化转型。

在生物技术领域,中垦基金深耕细作,投资了冠界生物、秋实农业、丰润生物等领军企业,不仅为农业循环经济的蓬勃发展提供了动力,还在植物蛋白肉等未来食品领域进行精准布局,引领大豆产业向更高层次发展。这一系列精准而深远的投资行动,充分彰显了中垦基金在推动农业现代化、助力乡村振兴伟大事业中的积极贡献与重要影响。

第二节 典型地区乡村振兴私募股权基金实践

一、广东省乡村振兴基金案例分析

(一)广东省概况及乡村振兴金融创新

广东省,作为中国最发达的省份之一,其经济总量和对外开放程度一直位居全国前列。随着国家乡村振兴战略的提出，广东省依托其经济优势和政策支持，积极探索适应本省特色的乡村振兴路径。广东省的乡村振兴不仅是农业农村现代化的需要，也是实现区域均衡发展、促进社会和谐的重要举措。广东省委、省政府深刻认识到资金在推动农业农村发展中的重要作用，通过实施一系列创新措施和资源整合策略，有效引导社会资金深度参与乡村振兴，为"三农"领域注入了强劲的金融动力。

在农业投资基金的设立与引导方面，广东省于2017年率先设立了全国首只农业供给侧结构性改革基金，省财政通过分年度注资的方式，积极引导金融和社会资本加大对农业农村领域的投资力度。该基金采用"引导基金＋产业基金＋专业基金"的运作模式，带动多元资本投向广东"三农"领域。

在拓展农业农村投融资渠道方面，广东省还积极与金融机构合作，通过广东股权交易中心共建"广东乡村振兴板"，为农业农村企业提供了股权融资的新平台。截至2023年年末，已有464家企业在该平台上挂牌展示，其中10家企业成功获得股权融资18.51亿元，有效缓解了企业的融资难题。[①] 此外，广东省还推动成立了广东省金融支农促进会，构建了政、银、保、担、基、企"六位一体"的金融支农大格局，为乡村振兴提供全方位的金融服务。

为了有效降低乡村振兴的融资风险，广东省农业农村厅联合省财政厅设立了广东省乡村振兴融资风险补偿资金，为金融机构提供坚实的风险保障，从而有效激发了金融机构参与乡村振兴的积极性。

---

① 广东股权交易中心：截至2023年年末广东乡村振兴板挂牌展示企业合计464家［EB/OL］.（2024-05-28）［2024-05-31］. https://www.21jingji.com/article/20240528/herald/8b9618d93cd39bf54a156e1654493b3d.html.

(二)典型乡村振兴基金介绍

1. 广东省农业供给侧结构性改革基金[①]

广东省农业供给侧结构性改革基金合伙企业(基协备案编码:SEE519)是广东省在乡村振兴战略下的创新金融实践,由省政府于2017年年底注资100亿元,通过广东恒健投资控股有限公司发起设立。该基金旨在引导社会资本形成超300亿元的基金群,专注于支持广东新型农业经营主体及农林渔业现代化建设。

该基金采用"引导基金+若干平行子基金+股权项目"的架构,有效应对农业投资周期长、不确定性大的挑战。通过参股组建子基金与直接股权投资相结合的方式,截至2024年8月底,该基金管理规模已逾300亿元,组建子基金29只,投资落地项目63个,投资覆盖广东18个地市。

该基金通过三大策略撬动资本投入,促进农业产业转型升级:一是产业资本联动,该基金与新希望集团、温氏集团等农业龙头企业及跨国企业路易达孚合作,共同组建产业子基金,专注于农业产业化项目和增量项目的投资;二是地市资金带动,与韶关、茂名等农业重点城市合作设立农业产业基金,支持当地优质项目,推动农业企业的规范化和市场化转型;三是金融资本融合,与农业银行等金融机构合作设立总规模达50.01亿元的农恒乡村振兴基金。此外,2023年,基金与粤民投集团合作,成立总规模不超过50.02亿元的广东省预制菜产业发展基金,进一步推动预制菜产业的投资,形成了母基金与子基金相结合的省预制菜产业基金体系。

基金的创新模式和显著成效赢得了业界的广泛赞誉,荣获多项国内外权威奖项,包括"中国母基金TOP100""清科2021年中国股权投资基金有限

[①] 省农业供给侧结构性改革基金:创新基金模式 打造广东乡村振兴新高地[R/OL].(2024-05-08)[2024-05-31].https://mp.weixin.qq.com/s?_biz=MzUyNDA0OTA0MA==&mid=2247565121&idx=3&sn=6eb9741b0492c2819d8287e520167da1&chksm=fbb8e078ce7090db5618a51cbfd8c767f866346c2d311bbeb354447cf309bd06a03a4f2f495c&scene=27.

合伙人榜单前50强"等。其旗下4只子基金获得"2020—2021年广东最受欢迎金融服务乡村振兴产品"金奖,并入选投中榜2021年度粤港澳大湾区最佳政府引导基金TOP10,该榜单由业内权威第三方投中信息发布,被誉为私募股权市场的风向标。

2.广州乡村振兴股权投资基金①

广州乡村振兴股权投资基金合伙企业(基协备案编码:SVL135),作为广州金控集团积极响应国家乡村振兴战略的关键举措,充分彰显了金融国企在推动地方农业现代化和城乡融合发展中的积极作用。

基金设立于2022年4月,注册资本10.01亿元,管理人为广州金控基金管理有限公司。广州乡村振兴基金是广州金控集团为积极响应广州市委、市政府关于落实乡村振兴战略的决策部署,并履行市管金融国企的使命担当而设立的政策性股权投资基金,其目标规模设定为100亿元。

该基金采用"母子基金+直投基金"的运作模式,重点围绕农业科技创新、智慧农业建设、现代种业、现代化农产品加工及流通等乡村振兴领域开展股权投资。这种模式不仅提高了资金使用效率,还促进了农业产业链的整合与升级。

广州金控集团以顶层思维,积极谋划"百千万工程"和"乡村振兴"项目的投资布局。通过对市农业农村局公布的160个国家级及省级龙头企业和省农科院孵化器下190个落户企业的深度筛选,集团寻找并对接了超过100个相关项目,完成了对多个项目的股权投资,促进了农业科技企业的创新转型。

2024年1月,基金完成对广州广金种芯股权投资基金合伙企业(有限合伙)的出资。种芯基金是广州金控集团积极响应广州市委、市政府关于落实乡村振兴战略及种业发展决策部署而设立的股权投资基金,基金目标总规

---

① 广州金控旗下乡村振兴基金完成对种芯基金出资 勇立潮头助力广州种业高质量发展[EB/OL].(2024-01-27)[2024-05-24].https://www.gzjrkg.com/6813.html.

模1亿元,首期规模4500万元,其中广州市种业发展引导基金出资2000万元。种芯基金通过市场化运作模式,重点围绕农作物、林果花草、畜禽、渔业等种业企业、种业产业发展与服务等领域开展股权投资,大力支持广州农业科技企业实现创新转型,助力推动广州现代种业高质量发展。

3.广州乡村振兴控股集团有限公司[①]

广州乡村振兴控股集团有限公司,作为广州增城现代农业投资发展集团的成员单位,自2018年7月成立以来,便以5亿元的注册资本规模全力投身于推动乡村振兴国家战略的实施。

公司携手粤港湾大湾区多家上市及民营企业,共同发起广州乡村振兴基金,成功撬动超20亿元社会资本助力乡村振兴。积极参与乡村振兴"千企帮千镇 万企兴万村"行动,创新"基金＋园区"模式,不仅为产业提供了必要的资金支持,还通过园区建设为产业发展提供了空间保障。这种模式有效地提升了乡村地区的空间价值,促进了基金投资与产业发展的有机结合,为涉农创新创业注入了新的活力。广州乡村振兴基金在"生物农业"和"农文旅"两大领域成功打造了多个特色小镇项目。其中,莲花出水农科小镇以生物农业为核心,而云水间人文小镇则以在地文化和旅游为特色,这些项目不仅提升了乡村的产业竞争力,也丰富了乡村的文化生活,促进了城乡融合发展。

广州乡村振兴控股集团的创新实践和项目实施,获得了社会的广泛认可。公司入选广州市"2018年度十大改革创新案例",并在2019年全国新农民新技术创业创新博览会上发表主题演讲。此外,公司还被评为"广东乡村振兴百佳实践案例"和"千企帮千镇 万企兴万村"行动中的"广东百佳爱心帮扶企业"。

[①] 广州乡村振兴控股集团:"基金＋园区"助力乡村振兴[EB/OL].(2023-03-19)[2024-05-24].https://www.gzjrkg.com/6813.html.

二、浙江省乡村振兴基金案例分析

（一）浙江省概况及乡村振兴金融创新

浙江省，位于中国东南沿海，以其发达的经济体系和活跃的民营经济而著称。作为改革开放的先行省份，浙江省在经济转型升级中一直走在全国前列。随着国家乡村振兴战略的提出，浙江省积极响应，致力于推动农业农村现代化，促进城乡融合发展，实现区域均衡发展。

为推动乡村振兴，浙江省政府制定并实施了《关于坚持和深化新时代"千万工程"打造乡村全面振兴浙江样板 2024 年工作要点》等一系列政策，这些政策不仅明确了乡村振兴的具体目标和任务，还规划了实施路径与保障措施，为金融创新在乡村振兴中的广泛应用提供了广阔的空间和舞台。在此框架下，浙江省积极创新金融服务模式，一方面广泛推广政策性农业保险，针对粮食、生猪、水产等关键农产品推出专属保险产品，并探索生猪价格指数保险等新型险种，有效保障了农业生产稳定；另一方面，创新性地开展畜牧业、渔业资产抵押贷款业务，允许畜禽活体及水产品生物活体作为抵押物，极大缓解了养殖业融资难题。

同时，浙江省积极响应绿色低碳转型的号召，创新推出了一系列绿色金融产品，如"低碳贷""减碳贷"等，旨在鼓励金融机构发放基于排污权、用能权、用水权及碳排放配额的抵押质押贷款，以支持生态环境保护项目的实施。此外，部分地区还深入探索了信用普惠金融与"三农"服务的深度融合，构建了"信用智治农户普惠金融"模式，通过精准普惠的金融服务，有效促进了农业增效、农民增收以及农村环境的持续改善。

为实现乡村振兴的"产业兴旺、生态宜居、乡风文明、治理有效、生活富裕"目标，浙江省政府颁布了《浙江省乡村振兴投资基金管理办法》，旨在通过金融创新的手段,支持农业农村基础设施及重大产业化项目的建设,从而推动乡村经济的高质量发展。此外,浙江省还加速金融机构数字化转型,运用金融科技优化信贷流程与信用评估模型,推广线上信用贷款,深化"数字支付之省"建设,促进数字支付产业发展,并推动金融服务向乡村延伸,通过增设服务网点、布放自助机具等措施提升农村金融服务覆盖面与便捷性。

浙江省金融机构还结合地域特色,整合普惠金融与便民服务功能,创新性地推出了多种金融服务模式,如推广"农户家庭资产负债表"融资模式,以拓宽农户小额信用贷款渠道。同时,这些金融机构还积极支持农文旅产业的深度融合发展及生态精品农业与生态旅游业的发展,形成"一业一策"的特色融资模式,为乡村经济多元化发展注入了新动力。这一系列金融创新举措共同助力浙江省乡村振兴战略的深入实施。

(二)典型乡村振兴基金介绍

2019年10月,浙江省财政厅印发《浙江省乡村振兴投资基金管理办法》,明确以省财政拨款为资金来源,设立总规模100亿元的浙江省乡村振兴投资基金[①],标志着该省在乡村振兴领域金融支持力度的加大。该基金曾用名"浙江省农业投资发展基金有限公司"。

该基金通过采用定向基金、非定向基金等子基金和直接投资模式进行运作,为乡村振兴提供了多元化、多层次的金融服务。定向基金主要针对特定领域或项目,而非定向基金则更注重市场导向和产业发展趋势。

浙江省乡村振兴基金的投资项目精准聚焦于多个关键领域,包括重大招引项目,旨在吸引大型央企、上市企业及省级以上农业龙头企业入驻浙江省投资农业;产业链补链强链关键项目,围绕现代乡村产业的强化与拓展,

---

① 浙江省财政厅关于印发浙江省乡村振兴投资基金管理办法的通知[EB/OL].(2019-10-31)[2024-05-24].https://www.gzjrkg.com/6813.html.

支持一二三产业融合、农产品加工及农业全产业链提升等。同时,基金还致力于"三农"新基建建设,投资数字农业、数字工厂、冷链物流体系等现代化农业基础设施。此外,基金也关注乡村共同富裕项目,投资未来乡村建设、消薄产业园等,以推动乡村经济的均衡发展。最后,农业科技领域也是基金的重点投资方向,涵盖种质资源保护、现代农业生物技术、绿色高效农业生产技术及农业重大实验室等多个方面。

基金投资的项目需满足以下基本要求:一是实施地在浙江省内的乡村振兴政策性重大项目,不支持基础设施、房地产、商贸旅游、园区改造等项目;二是项目符合产业政策要求,已落实土地、能耗等要素保障并已开工建设,优先支持与所在地政府有战略合作协议签署的政企协同项目;三是原则上战略性项目投资规模在5亿元以上,技术性项目投资规模在2000万元以上。

从浙江省乡村振兴基金投资项目来看,投资的重点项目大多为重点骨干农业龙头企业,投资金额占比为57%,此外,基金还投向了土地综合整治与生态修复项目以及农村饮用水工程项目。为了进一步深入了解这些投资项目的具体情况,我们借助天眼查平台,精选了其中几个代表性项目进行简要剖析。

1.安吉两山乡村振兴股权投资合伙企业(有限合伙)

安吉两山乡村振兴股权投资合伙企业(有限合伙)是响应"两山"理念,即"绿水青山就是金山银山"的实践项目。该基金围绕乡村数字化、智能化、机械化、网络化产业进行投资,推动产业链上下游创新联动。2021年2月,该基金成功引入农业机器人项目,建立农业服务机器人生产基地,为当地农产品打开销路,为乡村振兴和"两山"理念的转化贡献力量。

2.浙江省古村落(传统村落)保护利用股权投资基金合伙企业(有限合伙)

浙江省古村落(传统村落)保护利用基金是全国首个专注于传统村落活态保护与历史文化传承利用的基金。该基金总规模达20亿元,由国有及民营资本共同出资组建基金,重点投资于保护利用价值高、旅游发展潜力大的传统村落。该基金通过引进新业态和新思维,致力于实现古村落的活态保护和利用,目标在5年内将管理资产规模扩大至50亿元,并撬动社会资本投资超过100亿元,覆盖超过百个传统村落。

3. 陌桑高科全龄人工饲料工厂化养蚕项目二期

陌桑高科全龄人工饲料工厂化养蚕项目是对现代养蚕模式的探索,旨在实现养蚕业的低成本、高产出和高效益目标。该项目通过科技创新,推动了传统农业产业的转型升级。尽管当前缺乏具体的投资成效数据,但该项目的实施对于提升养蚕效率和产品质量具有显著意义。

三、山东省乡村振兴基金案例分析

(一)山东省概况及乡村振兴金融创新

山东省坐落于中国东部沿海,是历史悠久的农业大省。根据2021年10月28日山东省人民政府与农业农村部联合制定并印发的《共同推进现代农业强省建设方案(2021—2025年)》来看,山东省在农业总产值、农产品加工业产值及农产品出口额等关键指标上持续保持全国领先地位。鉴于其庞大的人口基数与农业产出的双重优势,山东省在国家乡村振兴战略的实施中占据着核心位置。近年来,为积极响应并深化国家发展战略,山东省政府相继颁布了《关于加快推动乡村振兴和巩固提升脱贫攻坚成果的支持政策》《山东省促进乡村产业振兴行动计划》等一系列政策规划,旨在通过政策引导与制度创新,持续增强农业综合竞争力,推动农业现代化进程,为乡村振兴战略的全面实施贡献力量。

山东省政府设立了包括省新旧动能转换引导基金在内的多项专项基金,这些基金不仅承载着政府对于乡村振兴的坚定决心,更以实际行动展现了公共资金在引导社会资本方面的巨大潜力。通过大幅提高政府出资比例，特别是在种业科技、智慧农机等关键领域内的重点倾斜，专项基金有效降低了社会资本的投资风险，极大地激发了市场主体的投资热情。

为进一步激发社会资本参与乡村振兴的积极性，山东省政府自2019年起不断完善工商资本投资乡村振兴的奖补政策。该政策对于年度新增实际投资超过1亿元及连续投资达到5000万元以上的项目，省、市、县财政联动给予新增投资额1‰的奖补，最高可达1000万元。这一政策有效激发了市场活力，为乡村振兴项目提供了坚实的资金保障。[①]

在机制创新方面，山东省同样进行了积极探索。通过政府购买服务的方式，山东省积极引导社会资本投入水利设施的智能化改造项目。这一创新举措不仅有效缓解了政府的财政压力，更通过引入市场竞争机制提升了项目的建设质量和运营效率。截至目前，已有超过28.5亿元的社会资本被引导投入全省5451座小型水库雨水工情自动监测系统的安装与运维中。[②]

综上所述，山东省通过专项基金引领、奖补政策激励以及机制创新赋能等多种方式，金融资源得以加速向乡村地区汇聚并有效配置，为乡村振兴战略的深入实施提供了强有力的金融支撑和保障。艾格农业统计数据显示，截至2023年12月31日，山东省乡村振兴基金数量达到14只，基金规模达到237.54亿元，清晰地展示了山东省在引导社会资本参与乡村振兴方面的卓越成效。

[①] 山东省财政厅等4部门关于实施财金联动支持乡村振兴示范奖补政策的通知[EB/OL].(2023-07-22)[2024-05-27].http://czt.shandong.gov.cn/art/2023/7/22/art_10563_10317760.html.

[②] 于雨童.用"财政＋N"释放杠杆效应——山东省构建乡村振兴财金联动新格局观察[EB/OL].(2024-01-16)[2024-05-27].https://szb.farmer.com.cn/2024/20240116/20240116_002/20240116_002_1.htm.

（二）典型乡村振兴基金介绍

1.山东鲁商乡村振兴产业基金[①]

山东鲁商乡村振兴产业基金合伙企业（有限合伙）（基协备案编码：SNH631）成立于2020年12月，由鲁商集团旗下鲁商股权投资基金管理有限公司负责组建与管理。该基金以25亿元的规模，集合了山东省新动能基金、青岛市西海岸新区财政、淄博市财政、荣成市财政、沂源县财政、鲁商集团、鲁商发展等在内的多方机构投资者的力量。

基金设立后，将重点关注和投资全省范围内乡村振兴、文化旅游、颐养健康以及现代服务业等领域的优秀企业和优质项目，通过设立系列子基金、直接对项目进行股权投资、协助被投企业资本运营等方式，推动产业项目落地实施或升级换代。该基金不仅自身规模庞大，还通过引导超过100亿元的金融机构和社会资本参与，形成总规模约300亿元的发展资金。

2.山东省土地发展乡村振兴基金[②]

山东省土地发展乡村振兴基金合伙企业（有限合伙）（基协备案编码：SGH299）成立于2019年3月。该基金由山东省土地发展集团这一实力雄厚的国有企业发起设立，彰显了其在乡村振兴领域的坚定承诺与前瞻视野。该集团创造性地实施"点、片、面"相结合的灵活投资策略，精准布局各地区，确保每一笔投资都能精准对接地方发展需求。该集团携手中国农业科学院及山东农业大学等权威机构，推动乡村振兴学院及产业联盟的成立，更成功汇聚了全国范围内超过230家在乡村振兴相关领域具有影响力的企业、金融机构及科研院所，共同构建了一个集产业资源、智库智慧与金融资本于一体的综合性服务平台。这一创新举措旨在积极响应国家乡村振兴战略的宏

---

① 山东启动首支乡村振兴产业基金计划 打造50个乡村振兴样板村[EB/OL].(2018-12-28)[2024-05-27].https://k.sina.com.cn/article_1784473157_6a5ce64502000z93m.html.

② 打造乡村振兴齐鲁样板——山东土地发展集团的企业探索和实践[EB/OL].(2021-04-01)[2024-05-27].https://k.sina.com.cn/article_5328858693_13d9fee45001015di4.html.

伟蓝图,通过充分发挥金融资本的强大力量,全面推动山东农业与农村的跨越式发展。

同时,该基金作为山东新旧动能转换基金的关键部分,成为全国首只省级政府引导的专业乡村振兴母基金,具有里程碑意义。该基金紧密围绕新旧动能转换的核心需求,精准聚焦于新旧动能产业、田园综合体建设、农业特色小镇培育、现代高效农业发展及农村普惠金融等多个关键领域,持续深化投资布局。截至 2021 年,该基金累计完成投放项目 11 个,决策投放金额 20.53 亿元,连续两年保持全省新旧动能基金投放数量与规模"双第一"。通过这些领域的深度参与,该基金旨在助力山东省打造乡村振兴的齐鲁样板,为全国其他地区提供可借鉴、可复制的成功经验。

四、江苏省乡村振兴基金案例分析

(一)江苏省概况及乡村振兴金融创新

江苏省位于中国东部沿海,地处长江三角洲地区,是中国经济最为发达、最具活力的省份之一。江苏省不仅拥有悠久的历史文化底蕴,更以优越的地理位置、丰富的自然资源和强大的经济实力著称。在农业领域,江苏省同样表现卓越,是名副其实的农业大省,农业总产值、农产品加工业以及农产品出口均在全国占据重要地位。

随着国家乡村振兴战略的深入实施,江苏省政府积极响应,出台了一系列政策规划,如《江苏省乡村振兴战略实施规划(2018—2022 年)》《省政府关于促进乡村产业振兴推动农村一二三产业融合发展走在前列的意见》等,旨在通过政策引导与制度创新,激发乡村发展活力,推动农业现代化与乡村全面振兴。

在推进乡村振兴战略的征程中,江苏省针对资金筹集、投放方向及有效使用等核心问题,积极联动多方部门,制定并发布了一系列具有前瞻性的政策指南。特别是2021年由江苏省财政厅携手农业农村厅共同颁布的《关于做好乡村振兴投资基金管理工作的通知》,不仅为乡村振兴投资基金的运作绘制了一幅详尽的"江苏蓝图",还通过全面的制度设计,为基金的管理与运作提供了坚实的制度保障。该文件的出台,不仅标志着江苏省在全国率先填补了乡村振兴投资领域政府投资基金管理的规范空白,也充分展现了其在乡村振兴领域勇于探索、敢于创新的领军姿态,是该省深入践行《中华人民共和国乡村振兴促进法》的具体实践和辉煌成就。

江苏省金融机构紧密围绕地方特色,不断创新金融产品和服务模式,精准对接乡村振兴多元化需求。这些创新的金融产品广泛覆盖农业产业链的各个环节,从种植、养殖到加工、销售,一应俱全,有效满足了农户及农业企业的多样化融资需求。其中,江苏省农村商业银行匠心打造的"苏农贷""富农易贷"等金融创新产品,以农民为中心,提供便捷高效、成本亲民的融资解决方案,显著降低了农户及农业企业的融资门槛与成本,同时提升了融资效率与满意度。[①]

此外,江苏省还积极拥抱金融科技浪潮,将大数据、云计算、人工智能等先进技术深度融入乡村振兴金融服务之中,不断拓展金融服务的广度和深度。通过开发线上信贷、移动支付等便捷金融服务工具,打破了传统金融服务的地域界限,让广大农民足不出户即可享受到高效便捷的金融支持。同时,金融科技的应用也助力金融机构实现风险管理的智能化升级,进一步增强了金融服务的稳定性与可持续性。

在基础设施建设方面,江苏省持续加大投入力度,特别是在交通、水利、通信等关键领域,为农村地区构建起坚实的发展基石。与此同时,金融机构

---

① 钱思瑞.数字普惠金融助力乡村振兴高质量发展的路径研究——以江苏省为例[J].高科技与产业化,2024,30(6):39-40.

亦积极响应号召,在农村地区广泛布局智慧网点、多渠道收单、惠农终端等新型金融服务设施,显著提升了农村地区的金融服务水平,为乡村振兴战略的深入实施提供了强有力的金融保障。

(二)典型乡村振兴基金介绍

1.江苏省乡村振兴投资基金①

江苏省乡村振兴投资基金,成立于2020年,其首期规模即达100亿元,由江苏省政府投资基金(有限合伙)(基协备案编码:SCA690)精心发起设立,专注于乡村振兴领域。尽管该基金无实体形态,但它承载着推动乡村振兴的重要战略使命。该基金通过股权投资等手段,围绕农业供给侧结构性改革的核心,致力于构建现代化农业产业、生产及经营体系,强化农业创新能力、竞争实力及全要素生产率,从而优化乡村产业结构,提升产业效益与质量,全面促进农村产业链的发展与完善。

为实现这一目标,江苏省乡村振兴投资基金巧妙布局,设立多个专项子基金,精准覆盖现代种养业、农产品深加工、农业生态恢复及农业科技革新等关键领域。诸如垂泉(兴化)基金、谷丰基金系列、垂泉现代农业基金等成功案例,均彰显了该基金通过子基金模式成功实施具体项目并有力推动地方经济发展的显著成效。江苏省财政厅最新数据显示,截至2022年三季度末,该基金已成功发起设立19只子基金,总认缴规模突破106亿元,其中省政府投资基金贡献25亿元,杠杆效应显著。这些子基金已实际投资66个项目,总金额达24.7亿元,且省内项目占比超七成。

具体而言,该基金在三个方面成效显著:一是成功吸引并扶持优质项目落地江苏,如助力广西战明面食连锁企业入驻兴化,构建中央厨房,拓宽市场布局;二是深度参与并支持省内种业、农药等重点产业优化升级,如谷丰

---

① 认缴规模达106亿元!江苏省乡村振兴投资基金有效助力乡村产业发展[EB/OL].(2022-10-21)[2024-05-27].https://new.qq.com/rain/a/20221021A04STT00.

基金对江苏金土地种业等企业的投资,有效推动了"育繁推一体化"进程;三是积极助力企业对接资本市场,目前已有多个项目完成股份制改革,成功上市或进入上市流程,同时带动大量外部资本注入乡村企业。

2.江苏省恚泉供销合作产业发展基金①

在中华全国供销合作总社与江苏省政府紧密合作的基础上,江苏省恚泉供销合作产业发展基金(有限合伙)(基协备案编码:SEA321)于2018年4月17日正式设立。该基金由江苏省政府投资基金(有限合伙)、南京新供销企业管理有限公司以及作为实际控制人的江苏新供销基金管理有限公司等核心机构联合发起设立,标志着供销社系统金融服务与乡村振兴战略的深度融合。

该基金采用母子基金协同联动的模式,通过设立多个专项子基金,精准覆盖供销合作产业及乡村振兴的各个领域。母基金不仅为子基金提供资金支持,还通过双GP联合管理方式,实现资源共享、风险共担和利益共赢。这种架构有助于基金更好地发挥资金杠杆作用,吸引更多社会资本参与,形成强大的投资合力。②

该基金致力于解决供销社传统优势领域(农资、冷链物流、传统销售、可再生资源、批发等)面临的资源分散问题,通过资本的力量实现资源的"横向联合,纵向整合"。在实际操作中,该基金已成功投资"一号农场""泾渭茯茶"等优质项目,并储备了覆盖特色农产品生产加工、农资生产、工厂化种养、农产品加工与流通、美丽乡村建设等多个领域的潜力项目。同时,基金还积极响应江苏地方特色发展需求,与地方政府合作设立了"淮安恚泉乡村振兴基金""淳供基金"等产业引导基金,进一步拓宽了服务范围与影响力。

---

① 江苏19只乡村振兴基金累投项目61个[EB/OL].(2022-10-10)[2024-05-28].https://xdny.jschina.com.cn/xczx/202210/t20221010_7720652.shtml.
② 赵鹏.关于供销社系统设立和运营产业发展基金的思考[EB/OL].(2022-10-21)[2024-05-28].https://www.chinacoop.gov.cn/news.html? aid=899096.

作为私募股权基金,江苏省恚泉供销合作产业发展基金具有产融结合、投转退灵活的特点。基金通过股权投资等方式,实现与产业资源的深度融合,促进产业链上下游的协同发展。同时,基金在投资项目的选择、投资时机的把握以及退出机制的设计上,都体现了高度的灵活性和专业性。这种灵活性有助于基金更好地应对市场变化,实现投资收益的最大化。

五、四川省乡村振兴基金案例分析

(一)四川省概况与乡村振兴金融创新

四川省,地处中国西南腹地,不仅是国内人口众多的大省,也是农业生产的重要基地。该省凭借其得天独厚的自然资源和多样化的农业生态条件,在国家乡村振兴战略中扮演着关键角色。近年来,四川省紧密围绕国家乡村振兴战略方针,出台了包括《关于坚持农业农村优先发展推动实施乡村振兴战略落地落实的意见》在内的多项政策文件,以确保乡村振兴战略在该省的有效推进和实施。

四川省在推进乡村振兴的征程中,深入贯彻"四化同步、城乡融合"的发展战略,将乡村的全面振兴视为新时代"三农"工作的重中之重。该省坚定不移地坚持农业农村优先发展的原则,积极借鉴并成功运用"千村示范、万村整治"工程的宝贵经验,全方位、多层次地推进乡村振兴的各项工作。

在战略实施中,四川省始终坚守粮食安全和防止规模性返贫的底线,同时,将增加农民收入视为"三农"工作的核心任务。为此,四川省致力于打造新时代高水平的"天府粮仓",通过引入现代农业科技和管理模式,不断提升农业生产的效率和品质,确保粮食生产的稳定与安全。同时,四川省还积极推进宜居宜业和美乡村的建设,努力改善农村人居环境,提升农民生活质量,促进城乡融合发展,为实现农业强省的宏伟目标奠定坚实基础。

在乡村振兴的金融创新方面,四川省更是取得了显著成效。针对农业、农村、农民的实际融资需求,该省创新推出了一系列金融产品,如"智慧畜牧贷""天府粮仓贷""强村贷"等,这些产品有效解决了农村融资难、融资贵的问题,为农业生产和农村发展提供了有力的资金支持。同时,四川省还不断优化金融服务模式,通过推广"农交所＋""担保＋"等模式,提升金融服务乡村振兴的效率和覆盖面。此外,该省还积极建设良好的信用环境,强化保险保障功能,为乡村振兴提供了坚实的金融保障。截至2024年5月,四川省乡村振兴的金融创新成果丰硕,全省涉农贷款余额大幅增长,为乡村振兴提供了坚实的资金支撑。[①] 这些成绩不仅彰显了四川省在乡村振兴金融创新方面的积极探索和成功实践,也为其他地区提供了有益的借鉴和启示。

(二)典型乡村振兴基金介绍

四川省乡村振兴投资引导基金合伙企业(有限合伙)[②](基协备案编码:SVR310)于2022年5月正式注册成立,标志着省级层面在农业产业金融支持上的战略布局。基金计划总规模达100亿元,首期规模即达50亿元,设计存续期为10年,旨在通过市场化运作,为四川省内的涉农企业提供覆盖生产配套、服务整合、上市培育及并购重组等全方位的投融资支持。这一举措是四川省委、省政府积极响应国家乡村振兴战略,引导金融资本和社会资本深度融入农业农村发展的重要实践。

该基金的核心运作理念在于实现"政策性"与"市场化"的深度融合。一方面,依托政府的引导力量,确保资金精准流向乡村振兴战略规划的关键领域;另一方面,充分发挥市场机制的资源配置优势,吸引并撬动多方资本共同参与乡村振兴事业,从而既提升了资金使用的精准性和效率,又有效拓宽

---

① 创新产品 优化模式 完善机制 四川积极构建乡村振兴金融创新示范区[EB/OL].(2024-7-29)[2024-07-30].http://scdfz.sc.gov.cn/gzdt/zyhy/content_154150.
② 一支乡村振兴投资引导基金发展记[EB/OL].(2023-5-6)[2024-05-30].https://business.sohu.com/a/673185395_118622.

了资金来源渠道。截至2023年11月,基金已取得显著成效,成功募资超过50亿元,并与农银金融资产投资有限公司合作设立了注册资本为30亿元的四川振兴穗禾乡村股权投资基金合伙企业(有限合伙),成为"资管新规"政策后四川省政府引导基金撬动金融资本参与四川建设的首次突破①。

基金紧密围绕四川省委、省政府确定的战略蓝图,聚焦于川粮油、川猪、川茶、川酒等具有鲜明地方特色的十大优势产业,同时也不忘关注现代农业种业、现代农业装备、现代农业烘干冷链物流等基础性、先导性、智慧型产业,通过资本的力量推动这些产业实现高质量发展。此外,基金还高度重视农业产业基础设施的建设与完善,如高标准农田的开发与改造、土地的综合治理以及现代农业园区的规划与建设等,为农业现代化的长远发展奠定了坚实的基础。面对数字乡村建设的新浪潮,基金更是积极拥抱变化,加大对数字乡村、"互联网+农业"、智慧农业、农业大数据等领域的投资力度,以期加速农业农村的现代化进程,培育出更多符合时代需求的新业态和新经济模式。

为了进一步揭示该基金的投资策略与实践成效,我们借助天眼查平台深入剖析了几个代表性投资项目。

1.成都现代农业装备园区项目

基金对成都现代农业装备园区(三期、四期)的投资达1.2亿元,该园区作为"四川省五星级现代农业园区",是基金与现代农业园区结合的典范,这一模式已成为农业产业升级的典型案例。成都现代农业装备产业园的发展目标是打造成为西南地区现代农业装备产业的高地,并逐步发展成为全国一流的现代化特色农业装备产业园。园区的建设和运营,将对西部地区"专

---

① 四川:建基金 引资本 助产业 兴乡村[EB/OL].(2024-4-30)[2024-05-30].https://mp.weixin.qq.com/s?_biz=MzIwNzg0NzMyMA==&mid=2247509077&idx=2&sn=1de3b434578c043cfda901809efe89fd&chksm=96633fb3372fbdcd6fc09f1060635ad93c6aa5850d5d552f3bcb502ed2f2e58d3d067d16afbf&scene=27.

精特新"农业装备发展起到引擎作用,推动地区农业现代化和产业创新。该案例表明,通过政府引导基金的投入和省市共建的合作模式,可以有效促进农业产业的升级和转型。园区的发展规划和重点领域的选择,体现了对现代农业发展趋势的深刻理解和前瞻布局。随着园区项目的逐步实施,预计将为地区农业产业的可持续发展和农民增收提供有力支撑。

2.天府阳光乡村振兴田园综合体项目

基金对龙泉驿区天府阳光乡村振兴田园综合体项目投资0.8亿元,该项目通过整理农业流转用地,发展特色水果产业,并利用集体建设用地指标进行产业招商,通过"强链、延链和补链"闭合产业链条,促进三产融合,土地收益用于改善当地群众居住条件。

3.宜宾五粮液乡村振兴发展基金

宜宾五粮液乡村振兴发展基金(有限合伙)(基协备案编码:SCK578)成立于2018年2月,注册资本9.97亿元,其中五粮液集团持有比例50.17%,宜宾发展控股集团持有比例49.73%,宜宾港信资产管理有限公司为普遍合伙人,持有比例0.1%。基金是国内首支围绕乡村振兴战略而设立的私募股权投资基金,主要围绕农村一二三产业融合发展和乡村振兴示范区建设,整合提升优势特色产业,打造品牌龙头企业,破解农业农村发展瓶颈,带动农业增效、农民增收。

六、甘肃省乡村振兴基金案例分析

(一)甘肃省概况与乡村振兴金融创新实践

甘肃省,中国西北的门户,不仅承载着丰富的历史文化遗产,也拥有着多样化的自然资源。地理上,甘肃以山地、高原、盆地为主,黄河等水系穿行其间,是多民族和谐共生的地区。农业,作为甘肃的传统产业,在该省的经济社会发展和居民生活中扮演着举足轻重的角色。

在国家乡村振兴战略的引领下,甘肃省政府迅速行动,策划了一系列旨在加速农业现代化与农村全面振兴的政策。甘肃省的乡村振兴策略核心聚焦于四个方面:首先,借助技术创新与产业结构优化,提升农业产业市场竞争力;其次,加大对交通、水利、通信等基础设施的投资力度,为农村地区铺设起坚实的生产生活基石;再者,拓宽农民增收渠道,让农村居民共享发展成果,提升生活水平;最后,完善农村治理体系,编织出农村社会和谐稳定的坚固网络。

甘肃省政府推出的政策措施涵盖了农业产业扶持、农村面貌焕新、乡村旅游繁荣等多个维度,旨在全方位提升农民收入,改善农村生活质量,促进城乡均衡发展。在乡村振兴的征途上,甘肃省坚持将产业帮扶视为巩固脱贫成果、推动乡村振兴的坚实基石,倾注情感与力量于先进理念引入、人才资源汇聚、资金项目落地及优质企业招引等方面,不断优化帮扶机制,提升帮扶实效。

在政策制定方面,人民银行甘肃省分行等部门密集出台《甘肃省金融科技支持乡村振兴的指导意见》等一系列政策文件,为乡村振兴提供了清晰的金融支持路径和实操指南。金融支持措施上,则通过强化粮食和重要农产品生产的金融保障,加大对县域经济发展的金融支持,特别是围绕高标准农田、土地整治、耕地保护等全产业链,实施差异化信贷策略,精准高效地服务乡村振兴大局。

甘肃省金融机构紧跟时代步伐,充分利用大数据、云计算、区块链等前沿科技,加速推动农村金融服务的数字化转型进程,有效打破了传统金融服务中的信息不对称壁垒,显著提高了涉农小微企业信贷服务的效率与覆盖面。同时,积极创新"互联网+供应链金融"模式,加速农业供应链金融的蓬勃发展,为农业产业链上下游企业提供了便捷高效的一站式金融服务解决方案。

在基础设施建设方面,甘肃省加速金融科技标准的制定与推广,积极推动智慧网点、多渠道收单、惠农终端等新型金融服务设施在农村地区的广泛布局,有效填补了农村金融服务的空白区域,进一步扩大了普惠金融的覆盖范围与受益人群。此外,还大力推动新兴支付方式的普及与应用,深化"云闪付之城"建设成果,让移动支付等便民服务深入县域乡村的每一个角落,极大提升了农村支付服务的便捷性与综合服务质量。

甘肃省还持续深化农村信用体系建设工作,通过强化数据共享机制建设,为金融机构提供了更加精准、全面的信用信息支持服务,有效降低了涉农贷款的风险水平。同时,不断加强数字化监管能力建设工作力度,推进金融风险联防联控机制建设,为金融支持乡村振兴工作营造了一个稳健可靠、安全有序的运行环境。

(二)典型乡村振兴基金介绍

甘肃省乡村振兴投资基金[①]的诞生,是该省探索私募股权基金助力乡村发展新路径的里程碑事件。该基金于2022年成立,首期资金规模突破30亿元,其中甘肃省财政出资10亿元作为母基金,采用"母基金＋子基金"的创新投资模式。通过设立专项子基金,精准对接乡村振兴与县域经济的关键领域,实现资金的精细化管理与风险的有效分散,让每一分投入都能发挥最大效能。

基金的投资方向聚焦于乡村振兴的县域特色产业、现代种养业、农产品加工流通、乡村休闲旅游、新型服务业及信息产业等,这些领域的选择体现了基金对甘肃省农业产业优势和发展潜力的深入理解。为了调动各方积极性,基金采取了一系列激励措施,如提高母基金出资比例、降低门槛收益率、让渡政府投资收益等,以吸引市县资金和风险投资/私募股权投资(VC/PE)

---

① 甘肃省乡村振兴投资基金,首期超30亿元[EB/OL].(2022-07-08)[2024-05-30].https://news.pedaily.cn/202207/495516.shtml.

投入乡村振兴事业中。

甘肃省财政厅与张掖市、金昌市、陇南市、平凉市、庆阳市以及肃北蒙古族自治县人民政府已经分别签订子基金合作协议,包括张掖市乡村振兴投资基金、金昌市农业特色产业投资基金、陇南市花椒特色产业融合发展基金、平凉市静宁苹果产业发展基金、庆阳市环县羊产业发展投资基金、肃北县数字有机畜牧产业融合发展基金等。这些子基金涵盖了农业特色产业、特色产业融合发展、产业发展投资等多个方面。

2023年4月,甘肃省乡村振兴投资基金的首个投资项目落地,投资5000万元支持甘肃前进现代农业发展集团有限公司旗下传祁乳业、德华牧业的产业链延伸和强化项目建设。这一投资不仅体现了基金对农业产业链升级的重视,也展示了基金在促进地方经济发展中的实际作用。基金的首批投资已成功带动社会资本投入约2.5亿元,撬动比例达到1∶5以上。这一成果表明,基金在引导社会资本投入乡村振兴方面发挥了显著的放大效应。

基金的投资策略注重以下几个方面:通过投资支持产业链上下游的整合,提升产业竞争力;鼓励技术创新和模式创新,推动农业产业转型升级;通过多元化投资和专业管理,降低投资风险;在追求经济效益的同时,注重投资项目的社会效益,促进农村社会和谐发展。

七、陕西省乡村振兴基金案例分析

(一)陕西省概况与乡村振兴金融创新

陕西省,中国西北的重要省份,不仅是华夏文明的摇篮,也是国家粮食安全的基石和农业发展的重镇。在中国式现代化进程中,陕西省主动响应国家乡村振兴战略,通过一系列措施夯实农业基础,确保粮食安全,并推动乡村经济的全面振兴。该省通过强化土壤污染防治、提升土壤质量、建设高标准农田,不断提高粮食产量和安全性;同时,采取因地制宜、分类施策的方法,循序渐进地推进乡村全面振兴,借鉴"千村示范、万村整治"工程的经验,促进农业现代化和农村社会事业的发展。

尤为引人注目的是,陕西省在乡村振兴中深度融合数字化转型战略,致力于打造智慧城市与数字乡村,将数字技术深度应用于农业农村领域,为乡村振兴注入了前所未有的活力。中国农业银行陕西省分行作为金融创新的领军者,持续推出创新金融产品,强化科技支撑,优化服务流程,使数字化金融服务在陕西省得以广泛普及,惠及万千农户。其全年农户贷款的大幅增长,以及数字乡村金融服务工程的广泛实施,均彰显了该行在推动普惠金融、数字金融向农村延伸方面的卓越成效。[①]

在具体金融实践上,陕西省金融机构紧密结合地方实际,创新推出了一系列特色金融产品,如"金穗陕果贷""陕茶贷"等,这些产品精准对接农业产业链各环节的融资需求,有效降低了融资成本,提高了融资效率。同时,推行"链长+行长"合作模式,强化金融科技应用,以大数据、云计算、区块链等先进技术赋能农村金融,极大地拓宽了金融服务的覆盖面与可得性。中国农业银行陕西省分行更是将服务"三农"、促进共同富裕作为使命担当,通过一系列专项行动,扎实推进农村信用体系建设,有效解决了农村融资难题,赢得了农户与企业的广泛赞誉,为农村金融生态的优化树立了典范。

(二)典型乡村振兴基金介绍

为了响应国家乡村振兴战略,西安市人民政府发布了《西安乡村振兴产业投资基金管理办法》[②],旨在通过金融手段激发乡村发展活力,促进产业升

---

① 找准金融服务乡村振兴的着力点 中国农业银行陕西省分行"六大行动"见实效[EB/OL].(2023-12-20)[2024-05-30]. https://www.financialnews.com.cn/yh/yx/202312/t20231220_284503.html

② 西安市人民政府办公厅关于印发西安乡村振兴产业投资基金管理办法的通知[EB/OL].(2023-10-16)[2024-05-30]. https://www.financialnews.com.cn/yh/yx/202312/t20231220_284503.html

级和区域均衡发展。西安乡村振兴产业投资基金的设立，不仅体现了政府对农业和农村发展的支持，也展示了通过市场化手段促进乡村振兴的决心。乡村振兴基金采用有限合伙制组织形式，总规模达 50 亿元，分期募集设立。首期基金由西安农投集团牵头，整合现有资产和市场化募集资金形成，后期基金则完全按照市场化方式募集资金。乡村振兴基金旨在发挥国有资金的杠杆作用，通过吸引社会资本参与，加强资金募集，为乡村振兴产业发展提供持续动力。基金存续期 7 年，其中投资期 5 年，回收期 2 年。西安农投集团负责乡村振兴基金的统筹管理，包括制定管理办法、建立市场化绩效考核评价机制，以及审定投资运作相关制度等工作。

基金主要投向包括农田水利基础设施、粮食和蔬菜基地、区域特色产业、现代种养业、农产品加工、流通商贸业、乡村休闲旅游业、新型服务业、智慧农业及生态循环农业等，覆盖了乡村产业的多个关键领域。

基金通过投资子基金和直接股权投资等方式进行投资。设立专项子基金服务重点项目或承担特定职能，如种业基金、科技成果转化基金等；同时与社会资本、行业龙头、产业资本合作设立市场化子基金，围绕乡村振兴产业进行投资。子基金对西安市区域的投资金额原则上不低于乡村振兴基金的实缴出资额，确保基金投资的有效性和针对性。

乡村振兴基金通过投资子基金和直接股权投资等方式投资。设立专项子基金，服务西安市乡村振兴领域重点项目或承担特定职能（含种业基金、科技成果转化基金等）；与社会资本、行业龙头、产业资本等共同设立市场化子基金，围绕乡村振兴相关产业进行投资。子基金对西安市区域的投资金额原则上不低于乡村振兴基金的实缴出资额。基金的运作紧密结合政策支持和市场机制，通过政策引导和市场运作的有机结合，提高资金使用效率，促进乡村振兴项目的可持续发展。

八、吉林省乡村振兴基金案例分析

(一)吉林省概况与乡村振兴金融创新

吉林省位于中国东北地区的核心地带,以其广袤的黑土地和丰富的农业资源而著称。该省产业基础坚实,区位优势显著,具有极高的经济价值和生态价值,是国家粮食安全的重要保障。作为中国重要的商品粮基地和农业大省,吉林省在保障国家粮食安全方面扮演着举足轻重的角色。

面对新时代的发展浪潮,吉林省紧跟国家乡村振兴战略的步伐,积极出台了一系列针对性强、操作性好的政策措施,旨在全面引导和坚实支撑乡村振兴工作。其中,《关于吉林省金融支持巩固拓展脱贫攻坚成果全面推进乡村振兴的实施意见》着重强调了金融科技赋能的重要性,鼓励金融机构主动拥抱新一代信息技术,如大数据、区块链、人工智能等,结合地方特色,精心打造惠农利民的金融产品和服务,为乡村振兴提供了坚实的制度框架和有力支持。[1]

在金融科技应用领域,吉林省金融机构取得了令人瞩目的进展。它们巧妙运用前沿科技,不断革新金融产品和服务模式,显著拓宽了金融服务的覆盖范围,并提升了服务的便捷性和可得性。通过引入移动支付、线上贷款等创新服务,成功打破了传统金融服务的地域壁垒,让广大农民能够轻松享受到高效、便捷的金融服务。

同时,吉林省金融机构紧密结合当地实际情况,精心策划并推出了一系列符合乡村振兴需求的金融产品和服务。这些产品不仅覆盖了农业产业链的各个关键环节,如种植、经销、加工等,还通过特色农业贷款、农业供应链

---

[1] 吉林出台30条金融举措巩固拓展脱贫攻坚成果 全面推进乡村振兴[EB/OL].(2022-2-25)[2024-05-30].http://changchun.pbc.gov.cn/changchun/124676/4485552/index.html.

金融等创新手段,精准对接各环节的资金需求。此外,引入"保险+期货"等先进模式,为农民提供了更加全面、有效的风险管理解决方案。

吉林省高度重视农村基础设施建设,特别是在交通、水利、通信等关键领域加大投入,为农村地区构建了稳固的生产生活基础。与此同时,金融机构积极在农村地区布局,推动智慧网点、多渠道收单、惠农终端等新型金融服务设施的建设与普及,显著提升了农村地区的金融服务质量和效率,为乡村振兴注入了强劲的金融动力。

尤为值得一提的是,吉林省在乡村振兴金融创新方面涌现出众多亮点案例。东北证券等省内重要金融机构通过产业帮扶、智力支持、消费促进等多种渠道,为帮扶县提供了全方位、深层次的金融支持。[①] 中国农业发展银行吉林省分行等政策性银行则充分发挥自身优势,通过提供贷款、咨询服务等方式,助力农村基础设施建设和产业发展。[②] 这些成功案例不仅彰显了吉林省在乡村振兴金融创新方面的积极探索与显著成效,也为其他地区提供了宝贵的借鉴经验和启示。

(二)典型乡村振兴基金介绍

吉林中金科元新兴农旅私募基金合伙企业(有限合伙)[③](基协备案编码:SAAW31)成立于2023年7月,注册资本10亿元,由中金资本作为基金管理人和普通合伙人,吉林省股权基金投资有限公司、长春市股权投资基金管理有限公司、长春净月产业基金投资有限公司、深圳市生众投资发展有限公司为有限合伙人。

该基金是中金资本在东北区域设立并自主管理的首只基金,也是中金

---

① 东北证券多措并举 让金融助力"沉下去"乡村振兴"活起来"[EB/OL].(2023-12-8)[2024-05-30].https://www.sohu.com/a/742477230_123753.
② 农发行吉林省分行召开2024年乡村振兴条线工作会议[EB/OL].(2024-4-13)[2024-05-30].https://news.sohu.com/a/771310536_121703755.
③ 中金资本在东北设立一支乡村振兴基金[EB/OL].(2023-10-12)[2024-05-30].https://news.sohu.com/a/771310536_121703755.

资本旗下首支重点关注乡村振兴主题的基金。基金重点关注吉林乡村振兴、智慧农业、文化旅游、大健康、先进制造等新经济业态,积极支持吉林省市区的产业升级和乡村振兴。基金管理人中金资本将依托中金综合性平台的生态优势,结合区域产业发展战略,通过市场化私募股权基金的运作方式,挖掘、引入一批具备产业竞争力的优势企业,助力吉林省市区建设具有特色优势的现代化产业。

吉林省股权基金投资有限公司于2015年8月7日注册成立,注册资本18.2亿元,由吉林省财政厅履行出资人职责,主要负责运营管理吉林省产业投资引导基金。公司以市场化方式与基金管理机构合作设立战略性新兴产业、现代农业、服务业、科技成果转化等省政府鼓励领域子基金,带动社会资本,推动经济发展。截至2023年12月底,吉林省产业投资引导基金到位66亿元,累计参股子基金54只,总规模超过900亿元;管理6只直投基金,总规模19.3亿元。[①]

长春振兴产业发展创业投资引导基金(简称"长兴基金")于2017年9月27日正式成立,注册资本为20亿元人民币,旨在负责其运营管理。长兴基金围绕汽车、现代农业、光电信息、生物医药、科技创新和文化创意等领域进行投资,累计签约子基金27支,基金总规模超180亿元。[②]

九、福建省乡村振兴基金案例分析

(一)福建省概况与乡村振兴金融创新

福建省,位于中国东南沿海,作为中国改革开放的前沿地区之一,在经

---

① 做好科技创新文章 激活发展强劲动能——省股权基金公司推动金融与科技"双向奔赴"[N/OL].(2024-01-30)[2024-02-25].http://jlrbszb.dajilin.com/pc/paper/c/202401/30/content_44767.html.
② 中金资本在东北设立一支乡村振兴基金[EB/OL].(2024-01-30)[2024-02-25].https://cj.sina.com.cn/articles/view/1774800467/69c94e53001016f2z.

济、文化、社会等方面都取得了显著的发展成就。福建省作为实施乡村振兴战略的关键省份,始终秉持农业农村优先发展的原则,积极推动城乡融合发展,为构建农业强国贡献重要力量。

福建省在乡村振兴过程中,坚持党建引领,充分发挥金融支持乡村振兴工作领导小组的统筹协调作用,通过制定出台一系列政策文件,构建起完善的金融支持体系。特别是在2023年,围绕乡村振兴的新任务和新要求,结合福建实际,从加大涉农信贷投放力度等七个方面提出了具体意见,确保国家政策在本地有效落地实施。

在金融支持方面,福建省聚焦资金引流,紧抓资金这一核心要素,充分利用中央银行资金政策红利,通过再贷款、再贴现等结构性货币政策工具,以及差别化存款准备金政策,创新"再贷款+乡村振兴贷/乡村振兴示范点"等模式,引导金融机构加大对"三农"领域的信贷投放力度,精准对接粮食安全、林业经济、海洋渔业及老区苏区等重点领域,确保资金有效下沉至乡村。[1]

同时,金融机构紧密结合福建特色产业,创新推出了"茶园信息贷""福海贷"等多种定制化金融产品,覆盖农业产业链上下游的各个环节,有效满足了农户和农业企业的资金需求,降低了融资成本,提高了融资效率。此外,福建省还坚持将金融科技作为乡村振兴的重要驱动力,创新"新农直通贷"等项目模式,打造具有福建特色的农村金融科技创新项目,显著提升了农村金融服务的可得性和普惠性,并有多项金融科技应用案例获得国家级认可。[2]

在基础设施建设方面,福建省加大了对农村交通、水利、通信等领域的投入,为乡村振兴提供了坚实的生产生活基础。同时,金融机构也在农村地区积极布局金融服务设施,推动智慧网点、多渠道收单、惠农终端等新型金

---

[1] 张庆昉.打造金融支持乡村振兴的福建模式[J].中国金融,2023,(17):35-37.
[2] 金融支持乡村振兴之福建样本:因地制宜推动金融资源下沉[EB/OL].(2023-06-26)[2024-05-30].https://news.sohu.com/a/690568388_260616.

融服务设施的建设和推广,有效提升了农村金融服务水平。

为了进一步强化乡村振兴的人才支撑,福建省深度融入人才振兴战略,通过"金融＋科技特派员"等多种模式推动金融人才下沉乡镇一线,强化人才、资金与技术的协同作用。同时,实施乡村金融素养提升工程,普及金融知识,提升农民金融素养,为优化农村金融环境打下坚实基础。

这一系列举措不仅展现了福建省在乡村振兴金融创新方面的积极探索和显著成效,也为其他地区提供了可借鉴的经验和做法。福建省将继续坚持党建引领,发挥金融支持乡村振兴的重要作用,推动乡村振兴事业不断向前发展。

(二)典型乡村振兴基金介绍

在福建省政府、福建省国资委和厦门银保监局的大力支持和指导下,于2021年12月设立福建省乡村兴盛投资合伙企业(有限合伙)[①],执行事务合伙人为福建省乡村发展投资有限公司(省国资公司成员企业)。省国资公司和金圆集团担任双GP管理人,厦门国际信托担任有限合伙人及投资顾问,首期认缴出资为15亿元,后续规模上不封顶。

该基金作为福建省第一只乡村振兴基金,旨在积极响应国家乡村振兴重大战略,通过运用综合金融服务工具,开放平台整合产业资源,对接国有企业、优势产业及金融资本,降低小微企业和绿色企业的融资成本,以及利用慈善信托等多种方式,投资于福建省内符合"乡村振兴"主旨的各类项目。按照"政府国企引导、社会参与、市场运作、科学决策、防范风险"的原则进行管理,同时,根据各地独特的产业特色,采取"一地一策"的策略,制定既能有效振兴乡村又能为合伙企业带来良好经济效益的投资模式,助力福建省落实国家乡村振兴战略,实现金融服务乡村振兴可持续性。

---

① 服务信托规模化发展需多方努力[EB/OL].(2022-03-26)[2024-05-30].http://www.cb.com.cn/index/show/bzyc/cv/cv135148371647.

第三节 各地乡村振兴基金经验总结与政策启示

乡村振兴战略作为国家发展的重要组成部分,旨在通过产业兴旺、生态宜居、乡风文明、治理有效、生活富裕的全面推进,实现农业农村现代化。在这一过程中,乡村振兴基金作为重要的金融支持工具,发挥着不可或缺的作用。本节通过研究广东省、浙江省、山东省、江苏省、福建省等地的乡村振兴产业基金的经验做法,并结合团队实操经验,对各地乡村振兴基金的经验进行总结并分析其政策启示。

一、各地乡村振兴基金经验总结

(一)乡村振兴基金的共性经验

在乡村振兴战略深入实施的背景下,乡村振兴基金作为金融助力乡村发展的重要工具,呈现出蓬勃发展的态势。通过对多个省(区、市)乡村振兴基金运作实践的深入分析,可以总结出以下共性经验,这些经验对于推动乡村振兴基金的可持续发展具有重要意义。

1.政策引导与市场运作的有机结合

乡村振兴基金普遍遵循政策引导与市场运作相结合的原则,这一模式成为其成功运作的关键。政府通过制定明确的政策导向,如围绕种业振兴、科技创新、培育新质生产力等国家战略主题,引导基金的投资方向,确保资金精准投放至乡村振兴的关键领域。同时,基金积极引入市场机制,吸引社会资本参与,通过专业化的基金管理实现资金的市场化运作。这种模式既保证了政策意图的顺利实现,又充分利用市场机制的灵活性和效率,有效激发了乡村发展的内生动力。

2.多元化投资布局促进农业产业链全面发展

乡村振兴基金在投资方向上展现出多元化的特点,覆盖农业产业链的各个环节。从现代农业的种业振兴、智慧农业装备,到乡村旅游、农产品加工及基础设施建设等多个领域,基金均有所布局。这种多元化投资不仅有助于分散投资风险,更重要的是能够全方位支持乡村振兴事业的发展,促进农业产业链的全面发展。通过投资于地方重大项目和优势产业,基金进一步推动了地方经济的转型升级和可持续发展。

3.与区域龙头深度合作,构建产业生态

乡村振兴基金还注重与区域龙头企业深度合作,通过组建子基金、签订合作协议等方式,形成"产业资本＋省农业基金＋专业基金管理人"的运营模式。这种合作模式不仅有利于基金的市场化运作,更能够吸引上下游资源的集聚,实现"以商招商",构建区域产业集群。例如,广东省农业供给侧结构性改革基金与国内外农业龙头企业的合作,不仅推动了基金规模的扩大和投资收益的提升,更促进了广东省"三农"事业的全面发展。

4.完善的风险控制与绩效评估体系

为了确保投资项目的安全性和收益性,各地乡村振兴基金均建立了完善的风险控制机制和绩效评估体系。通过严格的项目筛选、尽职调查、风险评估等环节,基金有效降低了投资风险;同时,通过定期的项目评估、绩效考核等方式,基金不断提高资金使用效率和管理水平。这种规范化、制度化的管理机制,为乡村振兴基金的稳健运作提供了有力保障。

(二)各地乡村振兴基金的个性经验

中央企业在乡村振兴中发挥着引领作用,通过设立专项基金,如中国农业发展投资基金,积极参与农业产业链整合和价值链提升。这些基金不仅为农业项目提供资金支持,还引入先进的管理经验和技术,推动农业现代化和产业升级。

广东省的乡村振兴基金以促进产业融合和区域经济发展为目标,重点投资于现代农业产业园和特色小镇建设。广东省利用其经济优势和创新能力,推动农业与旅游、文化等产业的深度融合,打造了一批具有地方特色的乡村振兴示范项目。

浙江省乡村振兴基金坚守绿色发展理念,核心聚焦于生态农业与乡村旅游的培育。该基金不仅助力农村生态环境保护与治理工作,还积极推广乡村旅游,旨在拉动地方经济快速增长,确保农民收入稳步提升,从而实现经济繁荣、社会和谐与自然环境可持续发展的良性循环。

山东省乡村振兴基金则瞄准农业供给侧结构性改革,将重心放在农业科技创新与品牌建设上。通过资金注入农业科技研发及成果转化领域,有效提升农产品品质与市场竞争力。同时,致力于农业品牌的培育,显著提高了山东农产品的市场认知度与美誉度。

江苏省乡村振兴基金深耕农业现代化与产业链延展领域,依托省内坚实的经济基础与科技实力,精准聚焦智慧农业培育、农产品精深加工升级及农村电商平台的构建,加速农业产业向数字化、智能化转型的步伐。此外,基金积极策动一、二、三产业的深度融合,强化区域协同发展战略,旨在全面提升区域经济的综合竞争力,为乡村振兴注入强劲动力。

四川省乡村振兴基金凭借其独特的农业资源与深厚的民族文化底蕴,专注于特色农业与民族文化旅游业的扶持。基金投入农业生产基地及民族文化旅游项目,不仅促进了农村经济活力与民族文化的传承,还为乡村振兴注入了勃勃生机。

甘肃省乡村振兴基金特别关注干旱半干旱地区的水资源管理与节水农业发展,致力于水利基础设施建设与节水技术的推广应用。此举显著增强了农业抗旱能力,提高了水资源利用效率,同时,通过荒漠化治理与生态修复项目,有效改善了区域生态环境。

陕西省乡村振兴基金依托丰富的历史文化资源与优越的地理位置,重点支持黄土高原生态保护修复与关中平原现代农业发展。基金投资于水土保持与生态修复工程,极大改善了黄土高原的生态环境;同时,助力现代农业园区建设,推动了关中平原农业现代化的进程。

吉林省乡村振兴基金聚焦于黑土地保护与寒地农业发展,通过土壤改良与农业科技创新投入,增强了黑土地的农业生产能力,促进了农业可持续发展。此外,还支持农产品加工业的发展、农业产业链的延伸,为农民创造了更多的增收途径和机会。

福建省乡村振兴基金则将目光投向海洋经济与山区综合开发,着重支持海洋渔业与山区特色农业发展。基金投资海洋资源开发与山区农业基础设施建设,促进了农村产业结构的多元化与农民增收。此外,海洋旅游与山区生态旅游的兴起,进一步推动了乡村经济的全面发展。

综上所述,各地乡村振兴基金的成功实践表明,因地制宜的投资策略与创新管理模式对于推动地方经济发展、实现乡村全面振兴具有不可估量的价值。各省(区、市)充分利用自身优势,注重生态保护、产业升级与文化传承,探索出各具特色的乡村振兴之路。

(三)乡村振兴基金的运作模式

多数乡村振兴基金采用母子基金模式运作,通过设立子基金实现对特定领域或项目的精准投资,从而提高资金的使用效率和灵活性。母子基金模式有助于实现投资的专业性和针对性。

基金在运作过程中,既直接参与股权投资,也通过投资子基金进行间接投资,以实现风险的有效分散。直接投资与间接投资相结合,有助于基金在追求投资收益的同时,有效控制风险。

基金积极与地方政府及企业建立合作关系,共同推进乡村振兴项目的实施,实现资源共享和优势互补。政企合作模式有助于整合各方资源,形成推动乡村振兴的合力。

(四)风险管理与绩效评价

各地基金在投资前进行严格的风险评估,制定相应的风险控制措施,确保投资安全。风险评估与控制是基金管理的重要环节,对于降低投资风险,保障投资安全具有重要意义。

当地基金还建立起科学的绩效评价体系,定期对投资项目进行绩效评价,及时调整投资策略。科学的绩效评价体系能够全面评估投资效果,为基金的投资决策提供依据。

此外,各地基金加强信息披露,接受社会监督,提高基金运作的透明度和公信力。加强信息披露与监督,能够提升基金运作的透明度,增强社会各界对基金运作的信心。

二、政策启示

为有效推动乡村振兴基金的运作并扩大其积极影响,结合各地的实践经验,我们提出以下政策建议与发展方向。

(1)行政管理制度的完善是关键。建议放宽乡村振兴基金的存续期至10年,为长期投资提供更充裕的时间窗口,并简化行政管理程序以减少行政干预,从而提高基金运作的灵活性和效率。

(2)建议设立基金让利和容错机制。如江苏省的实践,对专项子基金和市场化子基金的超额收益分别让利80%和50%,以激励社会资本的参与,并鼓励基金管理团队在风险可控的前提下进行创新。

(3)强化政府对基金的出资支持至关重要。建议加强政府资金的投入,确保国有资本出资比例不低于60%,同时优化政府出资方式,与社会资本合作,提高资金使用效率。

（4）优化出资方式也是提升基金效能的重要途径。建议借鉴广州和智股权投资基金、扬州惠泉农业投资基金等模式，优化各类资本与多级政府基金的联合投资方式，实现资源共享和优势互补，并探讨设立更多元化的出资结构。

（5）政府应继续加大政策支持力度，提供更多的财政资金和税收优惠，改善投资环境，降低投资门槛，吸引更多社会资本参与乡村振兴。

（6）人才培养与引进同样不容忽视。建议建立专业培训体系，提高基金管理人员的业务能力和风险管理水平，并吸引和留住行业内的高端人才，为基金的长期发展提供人力支持。

（7）推动创新发展是实现乡村振兴可持续发展的关键。鼓励基金投资于农业科技创新和产业升级项目，支持农业科技研发和成果转化，提升农业产业的技术水平和竞争力，同时投资于具有创新潜力和市场前景的产业项目，促进乡村经济的多元化发展。

综上所述，通过完善行政管理制度、设立让利和容错机制、强化政府出资支持、优化出资方式、加大政策支持、人才培养与引进，以及推动创新发展，乡村振兴基金将更有效地服务于乡村振兴战略，为实现乡村全面振兴和可持续发展贡献更大的力量。

第四节　私募基金在乡村振兴中的多元实践：案例研究与政策启示

随着我国脱贫攻坚战取得全面胜利，乡村振兴战略成为国家发展的新焦点。在此背景下，私募基金作为资本市场的重要参与者，其在促进乡村经济与社会发展中的作用越发显著。中国证券投资基金业协会（以下简称"协会"）积极推动私募基金社会责任的实践与研究，征集和编撰了私募基金在乡村振兴等领域的实践案例，本节以协会选取的案例进行分析和说明。

一、典型案例

(一)国盛集团:搭建平台与产业赋能①

1.国盛集团概况

国盛集团,作为经上海市人民政府批准设立的国有独资公司,自2007年成立以来,始终在推动上海经济发展和产业升级方面发挥着重要作用。集团依托强大的资本实力和政策导向,聚焦国有资本的优化配置,致力于战略性新兴产业的投资与布局。国盛集团的业务范围广泛,涵盖金融、科技、产业投资等多个领域,其在资本运作和产业整合方面的专业能力,为上海市乃至长三角地区的经济发展提供了有力支撑。

2.国盛集团在乡村振兴中的策略与实践

国盛集团响应党的十九大提出的国家乡村振兴战略,结合上海"十四五"规划,提出了"做探索乡村振兴新模式的先行者"的战略定位。集团通过"党建+基金+产业+基地+智库"的五位一体运作模式,以"三园"工程为引领,探索"三农+"创新模式,致力于破解"三农"问题,推进上海市乡村振兴的高质量发展。

2019年6月,国盛集团联合集体资本和社会资产,发起设立长三角乡村振兴基金,旨在打造一个投资运作、产业运营、资源整合的战略平台。该基金基于"产业+基金+基地+科教"的四位一体战略路径,通过产业导入及乡镇本土产业发展,带动长三角乡镇基地的产业结构转型及新型城镇化建设,助力区域内的产业城乡一体化发展。基金的运作模式体现了国盛集团在资源整合、产业投资和资本运作方面的专业能力,为乡村振兴提供了有力

---

① 践行责任投资理念 全面推进乡村振兴——私募基金践行社会责任(支持乡村振兴专题)案例连载(一)[EB/OL].(2022-02-08)[2024-06-01].https://mp.weixin.qq.com/s/XSxCep8mBde-5sCd-KFCDg.

的资金支持和项目推动。

3.成效评估与风险管理

长三角乡村振兴基金通过下设的三大平台——产业运营、产业空间、产业投资平台，实现了紧密相连、集成运作的模式。产业运营平台负责乡村"三块地"的流转及园区的招商、管理和运营；产业空间平台负责存量园区的产业升级和"三块地"的流转运营；产业投资平台则在多个领域挖掘与乡村振兴战略融合的股权投资机会。

基金秉持轻重结合的投资策略，通过投资轻资产运营平台参与项目全周期管理，通过投资重资产平台获取产业承载空间，培育和孵化优质项目，实现区域发展和税收增长。在风险管理方面，国盛集团实施了多元化投资策略，通过严格的项目筛选和持续的监控机制，有效控制了投资风险。基金采取轻重结合投资策略，不仅参与项目的全周期管理，还通过重资产投资获取产业承载空间，为优质项目的培育和孵化提供了坚实的基础。

4.讨论

国盛集团的乡村振兴实践为其他地区和机构提供了宝贵的经验和启示。首先，国有资本的引领作用在乡村振兴中发挥着关键作用，通过国有资本的投入，有效地带动了社会资本的参与。其次，创新的运作模式和战略路径，如"党建＋基金＋产业＋基地＋智库"的模式，为资源整合和产业升级提供了新的思路。再次，风险管理的重要性在国盛集团的实践中得到了充分体现，系统化的风险控制手段对于保障投资的安全性和收益性至关重要。

案例启示还包括了政策支持的重要性、市场机制的完善以及企业创新能力的培育。国盛集团的实践表明，乡村振兴战略的实施需要政府、市场和企业的共同努力。通过资本运作和产业赋能，国盛集团不仅推动了乡村经济的多元化发展，提升了乡村居民的生活质量，还实现了城乡发展的均衡，为乡村全面振兴和民族复兴贡献了积极力量。

（二）国投创益：汇聚央企力量"造血"乡村发展[①]

1.国投创益概况

国投创益产业基金管理有限公司（简称"国投创益"）自2013年12月27日成立以来，便以其独特的战略定位与深厚的行业背景，在国内产业扶贫与乡村振兴领域占据了举足轻重的地位。作为国家开发投资集团有限公司（简称"国投"）的全资子公司，国投创益不仅是国内最早成立的产业扶贫基金管理平台之一，更是资金规模最大、管理范围最广的专业机构。

国投创益的核心使命是通过市场化运作机制，有效整合各方资源，精准对接贫困地区的发展需求，以推动产业扶贫与乡村振兴战略的深入实施。其受托管理的基金体系覆盖广泛，包括但不限于欠发达地区产业发展基金、中央企业乡村产业投资基金、大同助力农村产业投资基金、安康乡村科技振兴发展基金等专项基金，以及创益盛屯新能源产业投资基金、影响力产业基金、影响力种业基金、影响力新能源产业基金和海南穗达股权投资基金等多元化投资载体，总募资规模已高达483.63亿元。

2.国投创益的乡村振兴模式与策略

国投创益的乡村振兴模式以产业扶贫为核心，通过构建现代农业、资源开发、清洁能源、产销对接、资本运作、医疗健康和产业金融七大产业扶贫平台，实现对贫困地区的精准投资和有效扶持。公司运用多年积累的管理经验和销售渠道，重点支持乡村贫困地区的中小微企业，增强其"造血"功能和内生动力。

在组织管理方面，国投创益持续优化内部管理架构，以适应乡村振兴战略深入实施的需求。2018年之前，管理重心侧重于中后台部门，负责投资战略、审核管理等关键职能，前台投资部门则专注于投资落地执行。随后几年

---

① 践行责任投资理念 全面推进乡村振兴——私募基金践行社会责任（支持乡村振兴专题）案例连载（一）[EB/OL].（2022-02-09）[2024-06-01]. https://mp.weixin.qq.com/s/F9MKgXx9acXt6B-nhohl-w.

间,国投创益进行了市场化对标与内部调整,前台职能得到显著增强,负责募投管退等全流程工作,而中后台部门则转型为提供更加高效、专业的支持服务。自2021年起,公司进一步推行前中后台一体化管理,确保各环节无缝衔接,提升整体运营效率。值得注意的是,无论处于哪个发展阶段,国投创益的中后台部门始终发挥着比传统基金管理机构更为关键的作用,为乡村振兴战略的顺利实施提供了坚实的组织保障。

在实施路径上,国投创益采取了以下策略:

(1)项目选择与投资决策。国投创益在项目选择上采取极为审慎的态度,通过深入的行业分析和市场调研,识别出兼具商业潜力和社会正面影响的项目,并创新性地构建了一套涵盖6个环节、3级指标、81类要素的综合评估体系。该体系将社会效益考察、尽职调查、指标量化、协议约束、数据采集、成效评估等各环节与项目投资管理流程深度融合,确保对项目社会效益的全面分析。具体而言,国投创益利用133项指标对拟投项目进行详尽评分,仅当社会效益得分超过60分时,项目才具备上会讨论的条件。在实践中,国投创益灵活调整策略,确保30%的项目以收益为核心,50%的项目兼顾收益与社会效益,而剩余20%的项目则在确保资金安全的前提下,力求最大化帮扶效果。投资范围聚焦于现代农业、清洁能源、矿产资源、新能源应用、先进制造等乡村振兴重点领域。

(2)投后管理与服务。投资并非一次性行为,而是一个持续的过程。国投创益在投后管理上展现了其专业性,通过提供上市辅导、并购咨询等增值服务,帮助被投企业优化治理结构,提升管理水平。此外,国投创益还协助企业在资本市场中的定位和策略规划,以实现长期可持续发展。

(3)产业对接与资源整合。国投创益依托其央企的独特地位,成功搭建了被投企业与行业领军企业、研究机构及其他潜在合作伙伴之间的交流合作桥梁。通过这种对接,被投企业能够获得先进的技术和管理经验,同时在产品创新、品牌建设、市场拓展等方面获得支持,从而提升整体的市场竞争力。

(4) 风险控制与评估。在风险管理方面,国投创益构建了一套独具特色的"123"风险管理体系。该体系以全面合规为稳固底线,确保所有投资活动均在法律法规框架内稳健运行;以保值增值为关键前提,追求投资项目的财务稳健与长期回报;以扶贫效果为根本原则,强调投资的社会价值与社会责任的实现。

为了实现上述原则的有效落地,国投创益充分利用了IT硬控制系统和风险管理文化软实力两大核心载体。IT硬控制系统通过技术手段实现了对投资项目风险的实时监控与预警,确保风险信息能够及时、准确地传递到决策层,为快速响应和有效应对提供了技术保障。而风险管理文化软实力则通过培育全员风险意识、建立风险共担机制、强化风险管理培训等方式,将风险管理理念深深植根于企业文化之中,形成了自上而下、全员参与的风险管理氛围。

进一步细化而言,"123"风险管理体系由层级化风控职能体系、全程化风险管控机制、结构化风控制度支撑三大主要支柱构成。层级化风控职能体系明确了各级管理部门的职责与权限,确保了风险管理的层层递进与有效落实;全程化风险管控机制则覆盖了项目筛选、尽职调查、投资决策、投后管理等投资全周期,实现了对投资风险的全程跟踪与动态调整;结构化风控制度支撑则通过一系列标准化、流程化的风险管理制度与操作规范,为风险管理提供了坚实的制度保障。

在此基础上,国投创益实现了覆盖风险评估、风险报告、风险处置等环节的动态闭环管控机制。通过对投资项目的全面风险评估,公司能够及时发现潜在风险点并制定相应的风险应对策略;通过定期的风险报告制度,公司能够向管理层和投资者清晰展示风险状况及应对措施的实施效果;通过快速响应的风险处置机制,公司能够在风险事件发生后迅速采取补救措施,最大限度降低风险对项目及基金整体的影响。这一系列措施的实施,不仅确保了国投创益投资项目的社会效益和经济效益最大化,也为其在乡村振

3.项目成效与特色实践

国投创益的乡村振兴实践取得了显著成效。截至2023年年底,国投创益累计投资项目263个,金额614亿元,涉及全国29个省、186个市、406个县,覆盖了全部原14个集中连片特困地区和"三区三州"深度贫困地区,累计带动就业500万人次,为就业人口提供收入5000亿元,为地方政府增加税收1000亿元。

(1)矿产资源开发案例

随着全球新能源产业的兴起,特别是新能源汽车和储能技术的发展,锂、镍等矿产资源成为战略性资源,对新能源产业链的稳定和创新具有决定性影响,并为资源丰富地区带来了发展机遇。

国投创益抓住这一机遇,积极响应国家乡村振兴战略,认识到新能源矿产资源对脱贫地区的经济潜力。2020年,国投创益向盛新锂能集团股份有限公司投资1.91亿元,支持其在阿坝藏族羌族自治州锂辉石矿开采项目。该项目不仅促进了当地经济发展,还通过招聘当地员工和税收贡献,显著提升了当地财政收入。

此外,盛新锂能通过向当地政府捐赠子公司股权,进一步改善了政府财政状况,体现了企业社会责任。国投创益的股权投资不仅提供了资金支持,还通过产业资源对接,帮助企业提升了当地产业的附加值,将资源优势转化为经济优势,为当地居民带来了实质性的收入增长,为乡村振兴贡献了新动力。

国投创益的实践为脱贫地区提供了宝贵的经验,即通过精准投资将资源优势转化为经济发展动力。同时企业积极承担社会责任,推动社会全面发展。政府与企业之间紧密合作,共同探索出适合当地实际的发展路径,为实现乡村振兴的宏伟目标奠定基础。

（2）热带生态农业发展案例

海南天地人生态农业股份有限公司（以下简称"天地人"）成立于2009年，主营热带水果品种选育与基地种植，涵盖香蕉、凤梨、柚子、火龙果等品类。2017年，天地人公司面临产业结构调整的挑战，其主营的香蕉业务受自然灾害和病虫害的影响，导致营业收入和净利润显著下降。

国投创益于2017年12月向天地人的控股子公司——海南天地海胶农业投资有限公司（以下简称"天地海胶"）投资了3000万元旨在支持其热带水果种植业务的发展。国投创益通过市场调研，发现天地人在销售渠道上存在单一化问题，产品包装和品牌建设存在瓶颈，为此，国投创益协助企业拓展线上销售渠道，打破了传统销售模式限制，提升了产品市场价值。

国投创益的投资及投后管理显著改善了天地人的经营状况。天地人的种植面积从2016年的5000多亩增加至2021年的近10000亩，2021年上半年营业收入达到7994万元，净利润2905万元，实现了显著的经济效益和产业规模扩张。

国投创益的投资不仅促进了天地人这一企业的增长，还对乡村振兴具有战略意义。通过增强热带水果产业的竞争力，带动了当地农业产业的升级和转型，为乡村经济发展提供了新动力，促进了农民增收。

国投创益在热带生态农业领域的成功投资案例展示了通过资本注入和市场拓展，如何有效助力乡村产业振兴。该案例强调了精准投资与企业赋能在促进乡村经济可持续发展中的重要性，为其他乡村产业提供了可行的发展路径和模式。

4.讨论

从国投创益的乡村振兴实践中，可得到以下启示：首先，产业扶贫的多元化是关键，通过建立多样化的产业平台可以促进贫困地区经济的多行业发展，从而增强其抵御风险的能力。其次，市场化投资的引入不仅能够提高扶贫资金的使用效率，还可以为贫困地区的产业发展注入新的活力。此外，央企通过整合管理经验和销售渠道等资源,可以为贫困地区企业提供发展动力和明确方向。最后,国投创益在投资决策和运营管理中平衡了社会效益与经济效益,确保了投资项目对贫困地区的长期发展产生正面影响。这些经验为其他地区实施乡村振兴战略提供了可行的参考路径。

国投创益的乡村振兴模式和实践,为贫困地区的产业发展提供了新的思路和方法。通过产业扶贫平台的建设、市场化投资、投后管理和社会效益的重视,国投创益有效地推动了贫困地区的经济转型和社会进步。未来,国投创益应继续发挥其在产业扶贫方面的优势,探索更多创新模式,为乡村振兴战略的深入实施贡献更大的力量。

(三)高毅资产:聚焦乡村素质教育,助力人才振兴[①]

1.高毅资产概况

高毅资产,全称上海高毅资产管理合伙企业(有限合伙),成立于2013年,是一家处于领先位置的资本市场私募基金管理公司。公司秉承"专业、稳健、创新"的理念,致力于为客户提供卓越的资产管理服务。在实现商业成功的同时,高毅资产积极响应国家号召,投身于社会责任项目,特别是在乡村教育领域的投资与支持,展现了其对促进教育均衡和乡村振兴的承诺。

2.高毅资产在乡村教育领域的投资与支持

高毅资产深知教育对于阻断贫困代际传递的重要性,因此成立了高毅资产公益专项基金,专注于教育扶贫项目。2019年,高毅资产与上海真爱梦想公益基金会展开合作,签署了为期3年的专项基金协议,捐赠100万元设立公益专项基金,支持乡村素养教育的发展。

高毅资产与真爱梦想在卢氏县与宜丰县共建梦想中心教室,为乡村孩子提供素养发展与视野拓宽的平台。教室配备现代设施、梦想课程及线上

---

① 践行责任投资理念 全面推进乡村振兴——私募基金践行社会责任(支持乡村振兴专题)案例连载(一)[EB/OL].(2022-02-10)[2024-06-01].https://mp.weixin.qq.com/s/QJL-fFFlQkuff047qBKHhA.

交流社区,资源丰富。同时,高毅资产积极支持乡村教师培训工作,致力于提升教师的专业素养,促进教学交流,激发教育热情,从而助力学生的全面发展。此外,高毅资产资助的"去远方"活动,为乡村学生提供了走出家乡、拓宽视野的机会,有助于增强他们的自信和独立性。这些活动不仅丰富了学生的人生体验,也激发了他们对知识的渴望和对未来的憧憬。

3.教育项目对乡村振兴的推动作用

高毅资产的教育项目在乡村振兴中发挥了重要作用。通过提升乡村教育质量,项目有助于培养具有综合能力的下一代,为乡村地区的发展提供了人才支持。同时,教育项目的实施也促进了城乡教育资源的均衡分配,为实现教育公平作出了贡献。

(1)教育与乡村振兴的关联性。教育在乡村振兴中扮演着核心角色。高毅资产与真爱梦想共同构建的梦想中心素养教育服务体系,通过提供硬件设施、软件课程、教师培训和线上交流平台,为乡村贫困地区的教育工作者和学生创造了更加丰富的教学与学习环境。这种综合性的教育支持不仅提升了教育工作者的职业成就感和幸福感,也极大地拓展了乡村孩子的视野,为他们提供了探索更广阔世界和实现人生可能性的机会。

(2)教育项目的社会影响。高毅资产的教育项目通过标准化和可复制的"梦想中心项目连锁店"模式,实现了公益服务的可持续发展。该模式不仅培养了当地教师的专业能力和教育理念,而且通过撬动政府和社会各界的资金投入,为乡村教育注入了新的活力。这种公益服务模式的成功复制和推广,预计将在更广泛的区域内实现教育质量的提升和教育资源的均衡分配,从而对乡村教育产生深远的社会影响。

(3)教育项目的成效。教育项目在推动乡村振兴方面取得了显著成效,具体表现在以下几个方面:首先,硬件设施得到显著改善,梦想中心的建立为乡村学校引入了现代化的教学设施,极大地优化了学习环境;其次,软件课程创新方面,梦想课程的引入丰富了乡村学校的课程体系,有效提升了学生的综合素质和创新能力；再次，教师培训的深化，即梦想领路人计划，显著提高了乡村教师的教学技能和教育理念，促进了教师的专业成长；最后，线上交流平台的建立，如梦想盒子，为乡村师生提供了与外界沟通的渠道，极大地拓宽了他们的视野和信息来源。这些综合成效不仅提升了教育质量，也为乡村地区培养了适应现代社会需求的人才，为乡村振兴注入了新的活力和动力。

(4)未来展望与责任履行。展望未来，高毅资产计划在未来10年乃至更长时间内，继续在乡村教育领域履行社会责任。通过持续的努力和创新，高毅资产希望能够进一步扩大教育项目的影响力，打造示范区，并在更广泛的区域内推广成功经验。这不仅将为乡村振兴贡献更多的力量，也将为实现教育公平和社会进步提供坚实的支持。

4.讨论

高毅资产的教育项目通过创新的公益服务模式，有效地推动了乡村振兴，实现了教育质量的提升和教育资源的均衡分配。这些项目的成功实施和持续发展，不仅展现了企业社会责任的积极实践，也为乡村教育改革和乡村振兴战略的深入实施提供了有力的支持和有益的借鉴。

二、分析与启示

(一)跨案例比较分析

在乡村振兴战略的大背景下，私募基金作为资本市场的重要参与者，通过各自的策略和行动，为乡村的经济发展和社会进步作出了积极贡献。以下将对国盛集团、国投创益和高毅资产在乡村振兴中的策略、实施过程、成效及风险进行深入分析，并提出相应的启示和讨论。

1.策略对比分析

国盛集团通过构建产业平台与资本运作,深度剖析乡村产业链,精准投资以优化产业结构,着眼长远可持续发展,并积极承担社会责任。

而国投创益则结合市场化投资与精准扶贫,激发贫困地区内生动力,通过精准施策与产业投资,推动经济多元化,吸引社会资本,助力贫困地区长远发展。

高毅资产则将焦点放在乡村教育领域,通过素养教育项目促进人才振兴。高毅资产的策略是通过提升教育质量,培养具有创新精神和实践能力的人才,为乡村地区的长远发展提供坚实的人才支撑。

2.实施过程对比分析

国盛集团在实施过程中,重视产业与资本的深度融合。通过搭建产业平台,促进了产业集群的形成,同时运用资本运作手段,为乡村产业发展提供了资金支持和市场渠道。这种模式有效地将金融资本与产业资本结合起来,推动了乡村产业的快速发展。

国投创益在运营过程中,成功地将市场规律与社会责任相结合,实现了经济效益与社会效益的双赢。它们运用市场机制精心挑选投资项目,同时,在投资实践中不忘肩上的社会责任,确保每一个项目都能成为推动贫困地区经济社会进步的强大动力。这一行动彰显了国有企业在乡村振兴大潮中的领航角色和深厚的社会担当。

高毅资产另辟蹊径,将重心放在了教育资源的均衡配置与教育品质的提升上,致力于改善乡村教育环境。他们设立了专门的公益基金,为乡村学校送去了宝贵的教育资源,并通过教师培训计划等举措,让教育服务更加专业、高效。这一系列行动,凸显了教育在乡村振兴战略中的基石作用。

3.成效比较与探讨

国盛集团取得了显著成果,推动了乡村产业多元化发展,实现了农民收入稳步增长。通过产业赋能策略,乡村经济结构得到了优化,农民的经济来源更加广泛,就业机会也随之增加。这些变化不仅让乡村居民的生活品质迈上了新台阶,更为乡村的可持续发展铺设了坚实基石。

国投创益凭借其独特的投资模式,有效激活了贫困地区的经济潜力,成功撬动了社会资本的注入。精准扶贫与产业投资的有机结合,增强了贫困地区的自我发展能力,吸引了更多外部资金参与到这些地区的发展中来。这一系列成果,对于缩小城乡差距、促进社会公正与和谐具有重要意义。

高毅资产在教育领域的贡献同样值得肯定。他们通过实施一系列教育项目,不仅改善了乡村学校的教学环境,还显著提升了教育服务的质量与效率,为乡村孩子创造了更加公平的学习机会。这些变化对于打破贫困的代际传递、提升乡村整体发展水平具有深远的影响。

4.风险考量与应对

在推进产业转型的过程中,国盛集团需密切关注技术更新迅速、市场需求多变等不确定性因素带来的挑战。为此,他们需要依靠科学的决策机制和灵活的应对策略来有效管理和减轻这些风险。

在市场化投资道路上,国投创益需高度重视项目筛选与管理中的潜在风险。完善项目评估标准、建立健全风险评估与管理机制,是确保投资安全与收益的关键所在。他们需采取严格的项目审核与有效的风险控制措施来降低风险。

在推进教育资源均衡分配与提升教育质量的过程中,高毅资产需直面教育资源分配不均、教育效果评估复杂等难题。通过争取更多政策支持、探索创新教育模式等途径,他们有望克服这些挑战,为乡村教育事业的持续发展贡献力量。

(二)案例启示

通过对国盛集团、国投创益和高毅资产在乡村振兴中的策略、实施过程、成效及风险的分析,可以得出以下几点启示。

1.选择多元化的投资策略

私募基金在乡村振兴中的策略选择应体现多元化和差异化。国盛集团通过产业平台的构建和资本运作,推动了乡村产业的转型升级,这体现了私募基金在资源整合和产业引导方面的优势。国投创益利用央企背景,结合市场化投资手段,致力于提升贫困地区的自我发展能力,这显示了私募基金在撬动社会资本和促进区域均衡发展中的潜力。高毅资产知道乡村教育的重要性,他们聚焦于素养教育项目,旨在通过提升人才素质来助力乡村振兴,这一举措彰显了私募基金在推动社会进步与人才培养方面不可小觑的力量。这些生动的案例启示我们,私募基金应基于自身资源与专长,紧密贴合乡村实际需求,精准施策,力求资源高效配置与效益最大化。

2.市场化与社会责任相结合

在推进乡村振兴的过程中,私募基金应当巧妙融合市场化运作与社会责任感。市场化手段能有效提升资金利用效率,激活乡村产业活力;而积极履行社会责任,则能确保乡村社会的全面发展与长远福祉。国投创益的实践充分展示了在运用市场化机制精选投资项目的同时,始终坚守社会责任,确保项目在追求经济效益的同时,能够带动贫困地区经济社会的发展,实现社会价值与经济效益的双赢。

3.持续的成效评估与风险管理

为确保私募基金在乡村振兴中的项目持续健康推进,建立长效的成效评估与风险管理体系至关重要。成效评估能确保项目目标精准达成,投资回报合理;而风险管理则能提前预警并有效应对潜在挑战,保障项目稳健前行。高毅资产通过设立并运作公益专项基金,为乡村教育提供资源支持,有效提升了教育质量。同时,他们持续关注项目成效,精细管理风险,确保教育项目不仅具有即时效益,更能持续惠及乡村的未来。

4.建立政策支持与合作机制

政府在乡村振兴中的引领作用不可或缺。政策扶持与合作机制的构建,为私募基金投身乡村振兴铺设了坚实道路。政府通过政策激励、税收优惠等措施,激发私募基金参与热情;同时,与私募基金携手合作,共享资源,互补优势,共同推进乡村振兴项目。此外,政府还搭建信息平台,畅通沟通渠道,促进私募基金与乡村地区、社会各界的紧密对接,形成合力共进的良好局面。

综上所述,私募基金在乡村振兴中发挥着举足轻重的作用,但其道路亦非坦途。通过策略创新、市场与社会责任的深度融合、成效与风险的双重把控,以及政策与合作的强力支撑,私募基金能够充分发挥其独特优势,为乡村振兴战略的深入实施贡献力量。展望未来,私募基金应持续探索创新之路,为乡村地区的经济繁荣与社会进步书写更加辉煌的篇章。

本章小结

私募股权基金在乡村振兴中展现出了关键作用。基金通过市场化与专业化管理,有效引导金融资本和社会力量助力农业农村发展,促进了农业产业升级和经济繁荣。本章详尽分析了私募股权基金在全国范围内的实践案例,尤其是其在解决企业融资、推动科技创新及产业升级方面的显著成效。通过典型省市的多样化实践,基金支持了智慧农业、农产品加工等多个领域,促进了农业产业链的全面升级。同时,本章总结了各地运作经验,提出了一些完善制度、强化支持等政策建议,以期为私募股权基金在乡村振兴中的未来探索提供重要参考。

第三章 私募股权基金风险的分类、评估与管理展望

在金融学领域,私募股权基金作为一种独特的投资工具,其风险管理与回报优化问题始终受到学术界和实践界的广泛关注。随着全球资本市场的不断发展和金融创新的持续深化,私募股权基金的投资活动日益复杂,其风险类型与特点亦随之呈现出多样化和隐蔽化的趋势。因此,系统而深入地研究私募股权基金的风险类型与特点,不仅是对现代金融理论的重要实践,更是为投资者和基金管理人提供科学决策依据的迫切需要。本章基于现代投资理论、资本结构理论及企业金融理论等多元理论框架,全面剖析私募股权基金所面临的风险,揭示市场波动、政策环境、企业运营及跨境投资等多重因素如何交织作用,共同塑造私募股权基金的风险格局。在此基础上,对私募股权基金的风险进行分类、度量与评估,深入探讨风险在不同投资阶段、行业领域及市场参与者间的传播机制。

第一节 私募股权基金风险的概念和分类

风险涉及未来不确定性下的潜在损失,它是金融投资中不可或缺的一环。在私募股权基金领域,风险管理是确保投资回报和资本保值的关键。本节将深入剖析私募股权基金风险的核心概念、多维度分类及精准度量标

准,同时,从心理学与行为经济学的视角,揭示风险感知与决策背后的深层逻辑。

一、风险的基本概念

从金融学本质出发,风险是指投资实际结果与预期之间的偏离概率,这种偏离既可表现为正向收益超越预期,也可能是负面损失超出容忍范围。然而,在实践中,投资者与管理者的目光往往聚焦于后者,即那些可能侵蚀资本、削弱回报的潜在威胁。私募股权基金作为一种投资工具,其风险性质与传统的公开市场投资有所不同,主要体现在流动性、信息不对称和长期锁定期等方面。

(一)风险与收益的关系

在投资领域,风险与收益的关系是核心理念之一。一般而言,潜在的高收益往往伴随着较高的风险。私募股权基金追求的是通过对企业的直接投资或收购,实现资本增值,这通常涉及对企业未来发展的预判和长期资金的投入,因此风险与收益的关系尤为复杂。投资者在决策时需要权衡潜在的高收益与可能面临的高风险之间的平衡。

(二)风险的度量标准

一系列成熟的度量标准,如标准差、方差、贝塔系数及风险价值(value at risk,VaR),为量化风险提供了有力工具。标准差与方差作为波动性评估的经典手段,能有效揭示投资组合回报的离散程度;贝塔系数则通过对比资产与市场的表现,衡量其相对风险水平;而 VaR 作为高级风险度量技术,以其对潜在最大损失的预测能力,成为风险管理中不可或缺的一环。然而,鉴于私募股权基金具有流动性受限、估值复杂等独特属性,这些传统的度量工具在实际应用中可能需要进行针对性的调整或补充,以确保其有效性与适用性。

(三)风险的心理学和行为经济学视角

深入剖析投资者的风险感知与决策行为,心理学与行为经济学的视角揭示了诸多非理性因素。过度自信往往导致投资者低估潜在风险,而损失厌恶则促使他们即使面对有吸引力的投资机会,也会倾向于采取保守策略。此外,羊群效应作为一种群体心理现象,促使投资者盲目跟随市场潮流,忽视单个项目的真实风险状况。对于私募股权基金的投资者与管理者而言,认识到这些心理偏差,并在风险评估与管理中加以考量,是提升决策质量、优化风险配置的关键所在。

二、私募股权基金风险的分类

私募股权基金聚焦于成长型、创新型及转型期企业,这些企业虽潜力巨大,但同样伴随着高度的不确定性与风险。因此,对风险的精准分类与有效管理,成为基金成功运作的关键。

(一)传统分类:系统性风险与非系统性风险

1.系统性风险

系统性风险(systematic risk)源自宏观环境的变动,如市场波动、政策调整、法律变更、社会动荡及自然灾害等,其影响广泛而深远,波及整个市场或特定行业。此类风险难以规避且难以通过投资组合分散。在私募股权基金领域,市场风险表现为市场价格波动对投资收益的直接影响;政策风险则源于监管环境的变化;法律风险涉及法律框架的不确定性;社会风险涵盖社会经济文化变迁的冲击;自然风险则来自不可抗力的自然灾害。

2.非系统性风险

相较于系统性风险,非系统性风险(unsystematic risk)更具特定性与可管理性。它源于投资项目或投资者内部的独特因素,如信用状况恶化、流动性不足或操作失误等。此类风险虽仅限于特定对象,但同样可能对投资收益造成重大冲击。在私募股权基金实践中,信用风险关注被投资企业的履约能力;流动性风险聚焦于资金流动的顺畅性;操作风险则涵盖了投资决策、人员管理、技术保障等多个维度的潜在失误。通过精准识别与有效应对非系统性风险,私募股权基金能够进一步提升投资绩效与风险抵御能力。

(二)基于风险的来源和性质分类

在私募股权基金的风险管理框架中,除了系统性与非系统性风险这一传统分类外,还可依据风险的来源与特性,将风险进一步细化为以下四大类别,以便更精准地识别、评估与应对风险。

1.市场风险

市场风险(market risk),源于市场价格与利率的波动,直接关联于投资收益率的不确定性。这一风险广泛覆盖股票市场、债券市场、外汇市场及商品市场等多个领域,展现出显著的系统性特征。宏观经济状况、政策导向、法律环境、社会变迁乃至自然灾害等宏观因素,均可能对市场风险产生深远影响,进而波及所有投资者及投资项目。对于私募股权基金而言,市场风险突出体现在项目估值与退出策略上。例如,当全球主要央行实施降息等宽松货币政策时,虽降低了融资成本,促进了投资活动的活跃,但同时也可能诱导基金加大对高风险项目的投资,增加市场波动的敏感性。

2.信用风险

信用风险(credit risk)聚焦于投资对象或合作方的信用状况恶化及违约风险,属于典型的非系统性风险范畴。其成因复杂多样,包括但不限于投资对象的经营状况、财务状况、信用记录及评级的变动等。这些因素直接影响特定投资者或投资项目的收益稳定性。在私募股权基金领域,信用风险直接关系到投资项目的回收效率与收益水平。被投资企业的财务困境、破产风险,以及借款方或担保方的还款能力下降,均可能对基金的资金流动与成本造成不利影响,进而损害投资者的利益。

3.流动性风险

流动性风险(liquidity risk)指因资金流动性不足或缺乏而导致的投资收益不确定性。这一风险类型同样具有非系统性特征,受投资项目或投资者自身资金状况、资金成本、融资渠道等多重因素影响。在私募股权基金运作中,流动性风险尤为突出地体现在投资项目的退出机制与资金回收效率上。退出渠道的狭窄、投资周期的延长,以及募集资金不足或投资者赎回压力增大等因素,均可能加剧基金的流动性紧张状况,影响资金使用的灵活性与稳定性。

4.操作风险

操作风险(operational risk)则涵盖了投资项目或投资者内部管理与外部环境中的各类失误与不良事件,包括人为错误、技术故障、系统漏洞、流程缺陷、法律合规问题及道德风险等多个方面。此类风险同样属于非系统性风险,其影响范围局限于特定投资者或投资项目,但潜在损失不容小觑。在私募股权基金领域,操作风险可能源自投资决策的失误、人员管理的疏忽、技术系统的故障等多个方面,直接关系着基金的投资效果、运作效率及安全性。

(三)特定于私募股权的风险分类

在私募股权基金风险管理领域,除了普遍适用的风险分类框架外,还存在一系列与私募股权基金独特投资特征和模式紧密相连的特定风险。这些风险可从投资阶段、投资领域及投资方式三个维度进行深入剖析。

1.投资阶段风险(stage risk)

私募股权基金的投资活动覆盖了企业生命周期的各个阶段,从种子期、初创期,到成长期、成熟期,再到退出期,每个阶段都有其独特的风险与收益特性。种子期与初创期,企业虽具有技术创新与市场潜力,却也存在失败率高与不确定性大的风险,使得此阶段的投资风险高企,但潜在的收益也同样诱人。在成长期与成熟期,企业进入稳定发展轨道,市场地位稳固,但成长空间的相对缩减和竞争优势的饱和也导致投资风险降低,收益趋于平稳。在退出期,资金回收与收益实现的预期逐渐明朗,但市场的不确定性和退出路径的复杂性使得该阶段的投资风险与收益受到退出时机和策略选择的影响。

2.投资领域风险(sector risk)

私募股权基金的投资活动广泛分布于各个行业,不同领域的发展轨迹和竞争格局各异,因此所蕴含的风险与收益也呈现出显著的差异。在高科技、新能源、生物医药等前沿领域,尽管技术革新迅速且市场前景广阔,但同时也伴随着高昂的研发成本和严格的监管挑战,使得投资风险与收益均处于较高水平。相比之下,传统制造、消费服务、基础设施等领域则展现出更为稳健的市场需求和利润表现,但由于技术壁垒较低和差异化难度大,其投资风险的降低与收益的提升空间受到一定限制。

3.投资方式风险(mode risk)

私募股权基金的投资策略灵活多变,从纯粹的股权投资到债权投资,再到混合投资与并购投资,不同的投资方式具有不同的风险与收益特征。股权投资,作为基金成为企业股东的路径,其收益潜力巨大,但也伴随着被投资企业经营业绩与退出价值的不确定性风险。债权投资则以相对稳定的固定收益为特点,但收益上限也受限于被投资企业的还款能力与信用状况。混合投资则试图在股权与债权之间寻找平衡点,既追求增值收益又兼顾固定收益,但两者间的权衡并非易事。并购投资,作为控制权的直接获取方式,其高收益潜力背后隐藏着整合难度与退出价值实现的复杂风险。每种投资方式的选择,均基于对风险与收益的深入分析与精心权衡。

三、私募股权基金风险分类的理论依据和研究综述

(一)风险分类的理论基础

私募股权基金的风险分类根植于现代投资理论、资本结构理论、企业金融理论及组合理论等多元理论体系,这些理论从多维度、多层次对私募股权基金的风险特性进行了深入的分析和阐释。

在现代投资理论的视角下,私募股权基金的风险被明确地区分为系统性风险和非系统性风险。系统性风险源于市场环境的波动,影响广泛,难以通过投资组合分散;而非系统性风险则特定于个别投资项目,其影响可通过合理分散投资来减轻。因此,私募股权基金风险管理的核心策略聚焦于降低非系统性风险,同时增强对系统性风险的抵御能力。

根据资本结构理论,私募股权基金的风险被划分为股权风险和债权风险。股权风险因股权投资的不确定性而生,通常高于债权风险,后者则源于债权投资的不确定性。优化资本结构,实现风险与收益的平衡,成为该理论框架下风险管理的重要目标。

企业金融理论主要关注代理风险和信息不对称风险。代理风险源于私募股权基金与被投资企业间的利益冲突,而信息不对称风险则因信息获取不完全或失真导致决策失误。加强监督与激励机制,降低代理成本与信息成本,成为该理论指导下的风险管理策略。

组合理论强调私募股权基金的风险包括单个项目的风险和组合整体的风险。前者源于项目自身特征及环境变动,后者则受项目间相关性与分散性影响。优化组合配置,提升组合效率与稳健性,是组合理论指导下的风险管理核心。

(二)国内外研究综述

私募股权投资基金领域的风险类型因其多样性与复杂性,已成为国内

外学者深入研究的焦点。在风险分类维度,Carbone 和 Tippet(2015)率先构建了涵盖投资项目风险、投资组合风险、宏观风险及投资企业内部风险等四大类别的基本框架,为后续研究奠定了坚实基础。Thomas(2016)进一步从成因角度区分风险为内生风险(合规风险、道德风险等)与外生风险(宏观经济风险、政策风险等),深化了对风险来源的理解。国内研究方面,曾智、朱玉杰和薛莲(2014)提出经营风险、环境风险、组织风险与投资风险四大维度,其中经营风险特指企业运营过程中遭遇的不确定性,环境风险则涵盖内外部环境因素,组织风险聚焦于企业内部组织架构层面,细化了风险分类的具体内容。任亚亚(2015)则依据风险发生的可能性,将其划分为普通风险与特别风险,强调了对特别风险的识别与应对能力。纪士鹏(2014)则聚焦于私募股权投资过程中的多重风险,包括监管风险、投资者资格认定风险等,并倡导强化内部控制以规避风险。

在风险控制策略方面,Tannon 与 Johnson(2005)归纳了四种主要的风险处置方式:风险回避、风险承受、风险转移与风险多元化。Stiglitz(2009)建议通过预设投资条件(如优先股条款)、分段投资以及联合投资等手段来控制项目风险。Zhang 与 Deng(2011)则强调有效风险规避策略的重要性,同时指出规避风险可能带来的投资进度放缓与投资周期延长等问题,提倡建立风险辨识与度量标准体系。Simon 和 Hillson(2012)主张对投资项目进行详尽的尽职调查,构建资产组合与单体资产运营的风险控制模型。高健(2016)基于企业运营阶段分类,构建了相应的风险管理模型,涵盖事前预防与事后纠正机制。李楠(2018)针对未上市投资、股权稀释及收益不达预期等风险,提出了反稀释条款、对赌协议、多元化投资及期权激励等管控措施。顾文娟(2016)强调法治建设、财务体系标准化及国际化管理人才培养对风险控制的关键作用。刘晓亮(2019)与金阳(2021)分别就投资者风险分析与宏观管理、科学投资方式及多元化策略的重要性进行了阐述。肖宇(2022)则聚焦于投资全周期的风险控制,特别是内部控制在风险管理中的核心地位。

综上所述,国内外学者在私募股权基金风险分类与风险控制策略方面的研究成果,不仅丰富了相关理论体系,也为风险管理实践提供了宝贵的理论依据与实践指导。

第二节 私募股权基金风险的来源和程度

一、市场风险来源和程度分析

(一)市场风险来源

1.宏观经济因素

在考虑私募股权基金的市场风险时,宏观经济因素扮演着至关重要的角色。全球经济趋势,如经济增长率、通货膨胀率、失业率等宏观经济指标的变化,对私募股权投资的全球分布和回报产生着深远影响。

(1)全球经济趋势

全球经济增长放缓可能导致投资者对风险资产的需求降低,进而影响私募股权基金的募资能力和投资回报率。通货膨胀的上升趋势可能会侵蚀投资回报,而失业率的提高可能预示着消费者支出的减少,进而影响私募股权基金投资的目标公司业绩。例如,2022年我国私募股权市场经历了显著的波动,不确定性显著上升,市场结构发生了显著变化。全球经济增长放缓、贸易紧张和疫情的影响导致了投资总额的大幅下降。根据华兴数据研究团队整理,2022年我国私募股权基金投资总额为1033亿美元,与2021年(2310亿美元)相比腰斩,投融资总额基本回到中国私募股权市场2015—2017年水平。

（2）国内经济政策

国内经济政策的动态调整,尤其是财政政策、货币政策与工业政策的导向变化,直接且深刻地塑造着私募股权投资的生态格局。

财政政策的宽松与紧缩,左右着经济增长的速度与方向。当政府采取财政刺激措施时,不仅促进了整体经济的繁荣,也为私募股权投资开辟了更为广阔的投资空间与机遇窗口。反之,紧缩的财政政策则可能给经济活动戴上枷锁,增加私募股权投资的不确定性与风险挑战。

货币政策,作为宏观经济调控的另一重要工具,其利率水平的波动直接触及私募股权基金的核心利益。利率的升降,不仅影响着基金的融资成本,更关乎投资回报的厚薄。在利率下行周期,私募股权基金得以享受更为低廉的融资条件,从而有更大的空间去追求高风险高收益的投资项目;反之,利率上行则可能压缩基金的操作空间,增加其投资成本与风险敞口。

工业政策,作为政府引导产业结构优化升级的重要手段,对私募股权基金的投资策略具有直接导向作用。政府对特定行业的补贴与扶持,引导其资金流向具有发展前景与政策支持的行业领域;而对某些行业的限制与约束,则迫使基金审慎评估投资风险,甚至选择绕道而行。这种政策导向下的投资抉择,不仅关乎基金的经济利益,更关乎其社会责任与长远布局。

值得注意的是,近年来国内经济政策环境中的一个显著趋势是国资背景的政策型基金加速崛起。以 2022 年为例,大量国资 GP 主导的政策型基金相继成立,人民币新增募资额在募资市场总额中占据了近九成的比例,且在新募基金(规模 10 亿以上)中,国资 GP 占比高达 67%。[1] 这一系列数据背后,预示着国资 GP 化的大时代已经悄然开启,国资力量正逐步成为私募股权投资领域不可忽视的重要力量。这一趋势不仅改变了私募股权投资的

---

[1] 私募股权市场 2022 年度回顾:关键转折年的五大趋势[EB/OL].(2023-02-09)[2024-02-03].http://finance.sina.com.cn/cj/2023-02-09/doc-imyfamqu6308527.shtml.

资金来源结构,更深刻影响着行业的竞争格局与投资策略。

(3)经济周期的影响

经济周期的影响对私募股权投资同样重要。在经济扩张期,企业盈利通常增长,消费者信心强劲,这为私募股权投资提供了丰厚的回报潜力。在经济衰退期,企业盈利下滑,消费者支出减少,私募股权基金可能面临更高的投资风险,并可能导致更低的退出价值。因此,私募股权基金必须仔细评估经济周期的各个阶段,以制定相应的投资策略和风险管理措施。受IPO终止、新股破发、二级市场大幅跳水等影响,2022年投资机构越来越多地"向前看",投早、投小、投科技成为新的行业态势,PE/VC机构也在纷纷设立专注种子期的投资业务。

2.利率变动

在私募股权基金运营的复杂生态中,利率作为核心经济变量,其变动深刻影响着基金的融资策略、投资布局及整体绩效。中央银行的利率政策,特别是贷款市场报价利率(LPR)[①]的调整,成为连接货币政策与私募股权市场的重要桥梁。

中国人民银行通过调整LPR,直接影响市场资金价格,进而作用于私募股权基金的融资成本。当LPR下调时,基金借贷成本相应降低,为基金提供了更充裕的资金空间去追逐高收益投资项目,策略上可能更加积极进取。反之,LPR上调则意味着融资成本上升,迫使基金在投资决策上更加审慎,倾向于选择风险相对较低的项目,以确保资金安全。

LPR的变动不仅关乎融资成本,更直接牵动着私募股权投资的回报预期。在低利率环境下,固定收益类投资产品的吸引力减弱,相比之下,私募股权基金追求的高风险高收益特性显得尤为诱人。这促使基金倾向于提高投资杠杆,寻求更具成长潜力的项目,以期获得超额回报。然而,利率上行

---

① LPR,即loan prime rate,中文名为贷款基础利率,又名贷款市场报价利率。

的预期则可能改变这一格局,投资者对固定收益产品的偏好增强,私募股权投资的相对吸引力下降,基金需更加精细地平衡风险与收益。

利率水平同样深刻影响着私募股权基金的募资环境。在低LPR背景下,由于其他低风险投资的回报率相对较低,投资者对私募股权基金的兴趣增加,有助于基金以较低成本筹集资金,进而扩大投资规模。然而,一旦LPR上调,资金市场紧张情绪加剧,投资者可能转向回报率更高且风险更低的投资渠道,导致私募股权基金的募资难度增加,进而可能推高其资金成本。

3.汇率波动

在全球经济一体化的背景下,汇率波动对私募股权基金的风险管理构成了不可忽视的挑战。汇率,作为连接不同经济体货币价值的桥梁,不仅映射出各国的经济健康状况,更是国际贸易与跨境投资决策中的关键变量。对于深度参与跨国投资的私募股权基金而言,汇率的每一次微小变动都可能对其投资决策与回报产生深远影响。

(1)国际贸易的变化

国际贸易的变动与汇率波动紧密相连。贸易顺差的累积往往推动本国货币升值,反映出国际市场对该国商品与服务的强劲需求;反之,贸易逆差则可能引发货币贬值,暗示着经济结构的调整压力。此外,关税政策的调整与贸易协定的重构,如同国际贸易舞台上的风向标,不仅直接影响贸易流量,更间接作用于汇率走势。对于私募股权基金而言,这些外部环境的变化,可能通过成本攀升、销售受阻、利润缩水等路径,悄然侵蚀目标企业的投资价值,进而影响基金的整体回报。

(2)投资跨境流动的影响

汇率的不稳定性,如同一把双刃剑,既可能激发跨境资本流动的热情,也可能让投资者望而却步。在预期某国货币升值的情景下,外国投资者趋之若鹜,纷纷增加对该国资产的投资布局,以期在资产增值之外再获得汇率升值的双重红利。然而,一旦汇率波动超出预期,原本看似诱人的投资机会可能瞬间化为泡影,甚至给投资者带来重大损失。私募股权基金在跨境投资过程中,必须时刻保持对汇率波动的高度敏感,精准评估其对投资成本、预期回报乃至退出策略的影响,以制定出更加稳健的投资决策。

4.股票市场的波动

股票市场的波动性,映射了价格在特定时期的变动幅度。市场情绪、投资者行为、宏观经济和政治事件均可引发股价波动,对私募股权基金的策略和风险管理构成挑战。

(1)市场情绪

市场情绪,即市场参与者的共同心理倾向,通过投资者的预期反映出来。这种心理倾向能短期内推动股价偏离其基本价值,增加市场波动。例如,普遍的经济增长预期可能推升股价,而衰退预期则可能引发股价下跌。面对市场情绪引发的波动,私募股权基金需谨慎决策。基金经理须辨识市场情绪与公司基本面的区别,并据此制定策略。在市场过度乐观或悲观时,基金可能寻找被误价的机会,或避免在极端估值的市场中投资。

(2)投资者行为

投资者行为,这一市场心理的晴雨表,随着市场风向的转换而展现出多样面貌,从跟风式的羊群效应到恐慌情绪下的抛售狂潮,无一不深刻影响着市场格局。在市场繁荣之际,投资者往往因担忧错失良机而争相入场,会推动股价上涨至非理性水平;相反,当市场陷入低迷状态时,恐慌情绪会迅速扩散,导致投资者纷纷抛售,从而进一步加剧股价的下跌趋势。对于私募股权基金而言,洞察并适应投资者行为的微妙变化,是确保投资组合稳健运行的关键。

(3)股市波动性

股市波动性直接影响私募股权基金的策略和退出时机。在波动性加剧的市场环境中,投资不确定性显著增加,为私募股权基金的决策带来了前所未有的挑战。面对这一局面,基金需采取更为审慎的投资策略,加强风险管理与资产配置的优化,以应对市场的不确定性。在退出时机的选择上,股市波动性同样扮演着重要角色。当市场波动性高企时,基金可能面临资产定价困难与流动性紧缩的双重压力,此时盲目退出可能意味着以不利价格抛售资产。

(二)市场风险的程度分析

市场风险的程度分析对私募股权基金至关重要,它要求运用量化手段来评估投资组合的风险敞口。这涵盖了计算波动性、在风险价值(VaR)下的潜在损失评估,以及一系列其他关键风险指标的分析。历史数据分析使基金能够评估在不同市场条件下的表现,并据此调整风险管理策略。

1.量化市场风险

市场风险量化是通过金融模型和工具来衡量潜在损失的过程。其中,风险价值(Value at Risk,VaR)模型以其独特的预测能力,在量化市场风险领域被广泛使用。该模型通过对历史数据的深度挖掘、市场波动性的精准捕捉以及投资组合分布的细致描绘,构建出对未来市场条件下投资组合可能遭受最大损失的科学预测框架。例如,一个 95% 置信水平下的一日 VaR 值为 100 万,即意味着在绝大多数交易日中,投资组合的损失预期将不会超过这一限额。这一量化指标为基金经理提供了在极端市场环境下资产潜在损失的直观认知,助力其更加理性地调整投资策略,优化风险管理布局。

2.风险敞口评估

风险敞口评估,是对私募股权基金所面临市场、信用及流动性等多重风险的全面扫描与深度剖析。在这一过程中,基金经理需具备敏锐的洞察力与严谨的分析态度,对市场趋势、信用评级及资产流动性等关键因素进行细致考量。通过构建风险敞口清单,基金经理能够清晰地识别出投资组合中的薄弱环节与潜在威胁,进而制定出针对性的对冲策略,以有效减轻不利市场变动对基金绩效的负面影响。这些对冲策略可能包括但不限于衍生品交易、资产多元化配置及风险管理工具的运用等,旨在通过灵活多变的手段为基金资产提供保障。

3.历史波动性分析

历史波动性分析通过评估过去市场数据来预测未来风险。基金经理通过深入分析历史价格变动与市场行为模式,能够揭示出市场波动的内在规律与潜在趋势。这一过程不仅有助于增强对市场动态变化的敏感度与预见性,更为基金经理在制定投资策略时提供了宝贵的参考依据。例如,当历史数据揭示出某类资产在特定事件后易出现价格波动时,基金经理便可提前布局,采取相应措施以规避潜在风险或捕捉市场机遇。通过历史波动性分析的不断深化与实践应用,私募股权基金得以在复杂多变的市场环境中稳健前行,实现长期价值的持续增长。

二、投资风险来源和程度分析

(一)投资风险来源

1.投资策略风险

私募股权基金在精心布局与执行投资策略的过程中,需直面一系列复杂多变的风险挑战。基金管理者需要在深刻理解市场环境和企业状况的基础上,灵活运用各种策略,并在执行过程中不断调整和优化,以应对不断变化的市场条件和行业动态。只有这样,才能在激烈的市场竞争中立于不败之地,实现投资的长期稳定回报。

(1)策略选择

杠杆收购、风险投资、增长资本投资等投资策略各具特色。杠杆收购,在低息环境下虽能追求高额回报,却也存在财务杠杆加剧风险的问题。风险投资,则是以高风险换取初创企业的高成长潜力,对基金管理者的市场洞察力与决策力提出了极高要求。

(2)执行风险

即便策略选择得当,执行过程中的风险也可能导致投资失败。执行风险可能来自市场变化、操作失误或是合作伙伴的不可靠。并购交易中的整合难题与文化冲突,让协同效应的实现变得困难。经济衰退、政策突变等市场外部冲击,让投资充满未知与挑战。操作层面的失误,如估值偏差、尽职调查疏漏等,更是直接关系着投资的成败。在风险投资案例中,执行风险具体化为对初创企业前景的乐观误判与技术难题的低估,进一步强调了执行过程中风险管理的重要性。

(3)策略适应性

市场环境和行业动态不断变化,投资策略需要具有适应性。基金管理者必须能够识别何时应该坚持原有策略,何时需要调整以适应新的市场条件。例如,在经济繁荣时期,增长资本投资可能是较好的选择,而在经济衰退时期,保守的投资策略可能更为适宜。策略的适应性不仅要求管理者具备敏锐的市场洞察力,还需要他们具备灵活的应对能力和快速的决策能力。如果基金管理者能够更早地识别市场变化和技术难题的风险,并及时调整投资策略,可能会减少投资失败的发生,提高整体回报。

2.投资组合管理风险

在私募股权基金的投资中,投资组合管理占据着举足轻重的地位,其精髓在于精准把握分散化、平衡与监控三大要素,以实现风险与收益的最优配置。

(1)分散化程度

分散化,作为投资组合管理的基石,旨在通过跨行业、跨市场的多元化布局,削弱单一市场或行业波动对整体投资组合的冲击。然而,过度的分散化也有弊端,它可能无形中稀释了那些潜力巨大的高回报机会。因此,基金管理者需在这两者之间寻找平衡点。在农村经济环境或其他特定市场背景下,这一平衡点的把握尤为关键,既要规避行业波动带来的系统性风险,又要确保不错失优质投资项目。

(2)投资组合平衡

投资组合的平衡,是基金管理者智慧与勇气的展现。它要求管理者在初创企业的高风险高回报诱惑与成熟企业的稳定收益之间,做出明智的选择与搭配。初创企业,虽充满创新活力与高增长潜力,却也暗藏着失败的风险;而成熟企业,虽生长缓慢,却根基稳固,回报可期。基金管理者需根据市场趋势、自身风险偏好及投资目标,灵活调整投资组合结构,力求在风险与回报之间找到平衡点。

(3)组合监控

持续的投资组合监控,是确保投资安全与收益稳定的必要手段。基金管理者需时刻关注投资组合中每一个投资项目的状况。这不仅仅是对财务报表的例行检查,更是对企业市场竞争力、管理团队实力、运营效率等深层次因素的全面审视。通过定期的监控与评估,管理者能够及时发现潜在问题,并迅速采取应对措施,确保投资组合在动态变化的市场环境中始终保持稳健与活力。

3.行业和市场选择风险

行业与市场选择风险是私募股权基金风险管理的核心内容。通过精准把握行业周期、差异化应对市场发展阶段以及全面展开竞争力分析等措施,私募股权基金可以更加有效地识别与管理投资风险,优化投资组合结构,实现投资回报的最大化。

(1)行业周期

行业周期,作为经济活动内在规律的外在体现,其周期性波动深刻影响着私募股权投资的走向。这一周期被细致地划分为初创期、成长期、成熟期和衰退期四大阶段,每个阶段都蕴含着独特的投资机会与挑战。在行业的巅峰时刻投资,固然能享受短暂的辉煌与丰厚回报,但长远来看,行业的增长引擎或已渐显疲态,回报潜力或将逐步缩减。相反,在行业低谷期,虽需直面短期内的重重不确定性与风险,但若能精准预判行业的回暖与复兴,投资者便能把握住那些被低估的高增长潜力,收获更为可观的长期回报。因此,私募股权基金在策划投资蓝图时,必须对行业周期进行深刻剖析,精准把握最佳投资时机,力求在风险与回报之间找到最佳平衡点,以实现投资效益的最大化。

(2)市场发展阶段

新兴市场与成熟市场并存,为投资者提供了多样化的选择。新兴市场,如乡村数字经济、绿色农业等领域,以其蓬勃的发展势头和巨大的增长潜力,吸引着无数投资者的目光。然而,这些新兴市场的快速成长过程中,也伴随着政治波动、法律空白及经济不稳定性等多重风险因素。因此,私募股权基金在涉足新兴市场时,需以严谨的态度进行全面的市场调研与风险评估,深入了解当地的政策导向、法律框架及经济动态,以确保投资决策的稳健性和有效性。相比之下,成熟市场如农产品流通、农村金融等,虽然增长稳定且法律体系与监管机制相对完善,投资风险较低,但其增长潜力相对有限,可能难以满足追求高回报投资者的期望。因此,在选择投资市场时,私募股权基金需审慎权衡稳定性与增长潜力之间的关系,根据自身风险偏好与投资目标,精心挑选最适宜的市场进入点。

(3)竞争力分析

竞争力分析是私募股权投资中不可或缺的一部分,帮助投资者深入剖析目标公司的市场地位与竞争优势。通过这一分析过程,投资者能够清晰地看到目标公司在行业中的市场份额、竞争对手的策略布局、技术创新实力以及管理团队的综合素质等关键要素。针对市场份额稳固、技术创新领先且管理团队卓越的企业,私募股权基金应给予高度重视并积极支持,因为这些企业通常展现出更强的市场竞争力和更广阔的发展前景。而对于那些面临激烈竞争、技术瓶颈或管理挑战的企业,则需审慎评估其应对风险的能力与未来发展潜力,确保投资决策的稳健与审慎。通过深入的竞争力分析,私募股权基金能够更精准地识别市场风险与机遇,为投资组合的优化和回报的提升奠定坚实基础。

4.估值风险

(1)估值方法的科学选择

在私募股权基金的投资实践中,估值方法的选用直接关系到投资项目的定价合理性及后续的投资回报预期。针对投资标的,基金管理者需根据被投资企业的行业特性、发展阶段及财务状况,灵活选择适宜的估值方法。

对于盈利稳定、可比性强的传统企业,常采用市盈率法。通过对比同行业上市公司的市盈率水平,估算被投资企业的合理价值。

对于处于成长期或扩张期的现代科技企业、电商平台等,其未来现金流的预测成为估值的关键,可采用现金流折现法。通过预测企业未来现金流并选择合适的折现率,计算其内在价值。

资产重置值法适合在评估基础设施建设项目或重资产型企业时,考虑资产的重置成本及折旧情况,为投资者提供更为稳健的价值参考。

基金管理者需综合多种估值方法,结合实地调研、专家咨询等手段,确保估值结果的客观性与准确性,为投资决策提供坚实支撑。

(2)估值调整

市场条件与公司业绩的动态变化促使私募股权基金需对投资进行持续的估值调整。这不仅是基金管理者准确把握投资真实价值的关键途径,也是优化投资组合、防范风险的有效手段。

为此,基金管理者应建立系统的定期评估机制,对投资组合中的每个项目进行周期性的估值调整。通过对比市场变化、企业经营状况及行业发展动态等因素,及时调整估值预期以确保投资决策的时效性与准确性。

面对市场环境的突然变化或企业业绩的显著波动,基金管理者需迅速响应,立即对受影响项目进行估值、调整。同时,通过优化投资组合结构、调整投资策略等方式,降低市场风险对投资组合的影响。

(二)投资风险的程度分析

投资组合的风险分析是一个多维度、系统性的过程,它要求基金管理者对投资组合进行全面而深入的审视。通过这一分析,管理者能够清晰地识别各项投资对整体风险水平的具体贡献度,进而制定出差异化的风险管理策略。

具体而言,基金管理者需运用现代金融分析工具,如 VaR(风险价值)和 CVaR(条件风险价值)等,对投资组合的潜在损失进行精确量化评估。这些工具不仅能够帮助管理者理解投资组合在不同市场条件下的潜在风险,还能为制定风险管理措施提供有力的数据支持。

在评估过程中,基金管理者还需结合行业特点、企业质地、市场前景等多种因素,对高风险投资进行重点监控。通过深入分析这些因素,管理者能够更准确地判断投资风险的来源和性质,进而采取有针对性的风险管理措施。例如,针对依赖债务融资且处于高利率环境中的企业,管理者可能会加强对其还款能力和融资成本的评估,并考虑采取调整投资比例或引入对冲机制等措施以降低风险。

此外,构建多元化的投资组合也是降低单一投资风险、提升整体抗风险能力的关键手段。通过将资金分散投资于不同地域、不同行业、不同发展阶段的企业,基金管理者能够有效地降低单一投资对整体风险水平的影响,从而实现风险的分散和降低。

值得注意的是,敏感性分析和压力测试同样是评估投资组合风险不可或缺的重要工具。这些工具将在接下来的"风险评估方法"部分进行详细介绍。敏感性分析能够帮助管理者了解投资组合对关键变量的敏感程度,从而预测市场变化可能对投资组合产生的影响;而压力测试则是一种极端情况下的风险评估方法,它通过模拟极端市场条件来检验投资组合的抗压能力和恢复能力。这些工具的综合运用将为基金管理者提供更加全面、深入的风险评估视角。

三、法律与合规风险来源和程度分析

(一)法律与合规风险来源

1.法律变更与政策风险

(1)法律框架的变化

法律框架作为支撑社会秩序与经济活动的基石,其任何变动均可能对私募股权基金的投资环境产生显著且深远的综合性影响。随着时代变迁与社会进步,国家及地方政府不断审视并调整法律法规,以适应新兴的经济形态与社会需求。这些调整可能触及税收、环保、劳动等多个关键领域,直接关乎企业的运营成本与盈利能力,进而影响私募股权基金的投资回报预期。因此,基金管理者需具备高度的法律敏感性,紧跟法律框架的变迁步伐,灵活调整投资策略,以有效规避法律风险。

(2)政策导向

政府政策作为国家意志的体现,往往引领着行业发展的风向标。在乡村振兴、绿色经济等战略导向下,政府推出的一系列扶持政策为私募股权基金开辟了新的投资蓝海。然而,政策的不确定性始终存在,政策的突然转向或撤销可能给已投资项目带来不可逆转的严重负面影响。基金管理者需深谙政策逻辑,精准预判政策走向,评估其对投资项目的潜在影响,并据此制定灵活的风险应对策略,确保投资决策的稳健性。

(3)法律风险对投资的影响

法律风险对私募股权基金的投资影响深远且多维。一方面,合规成本的增加直接削弱了企业的盈利能力,如新税收政策导致的税负加重、环保法规引发的额外投资等;另一方面,法律环境的变化可能重塑市场竞争格局,如更严格的市场准入条件加剧行业竞争;此外,法律风险还可能对投资退出策略构成障碍,如外资股权转让限制影响退出渠道与时机。因此,基金管理者需全面审视法律风险的多维度影响,并据此制定全面且综合性的风险管理方案,以确保投资安全与收益稳定。

2.合规与监管风险

(1)监管环境的多样性与挑战

在全球范围内,不同国家和地区的监管环境各具特色,为私募股权基金提供了多样化的投资策略与运营模式选择。以乡村振兴战略为例,政府为推动乡村经济振兴,可能推出系列监管新政,涉及私募股权基金的注册登记、信息披露、投资限制等多个维度。近年来,监管趋严,基金管理人需完成严格的备案登记,并履行定期信息披露义务。这些举措旨在提升市场透明度与投资者保护水平,但同时也无形中增加了合规负担与运营压力。因此,深入了解所在地区的监管政策,对于基金管理人确保合规运营具有至关重要的意义。

(2)合规要求的严苛与应对

合规要求,作为私募股权基金必须跨越的门槛,涵盖了反洗钱、反腐败、数据保护等多个法律与行业标准。政府持续强化合规监管,旨在维护金融秩序,保障资金安全。反洗钱规定要求基金管理人在投资前对投资对象进行详尽的尽职调查,确保资金来源合法合规,同时构建洗钱风险防范机制。数据保护法规则强调对投资者个人信息的严格保护,防范数据泄露与滥用风险。面对日益严苛的合规要求,基金管理人需不断提升合规能力,优化内部管理流程,以有效应对合规成本上升和运营挑战加剧的复杂局面。

(3)监管变化对投资的深远影响

监管政策的动态调整,如同市场的风向标,对私募股权基金的投资决策和项目布局产生深远且关键性的影响。税收政策、环境保护法规、劳动法等政策的变动,均可能直接触及企业的成本结构与盈利能力,进而影响基金的投资回报预期。因此,基金管理人需保持高度的监管敏感性,密切关注政策动态,并据此及时调整投资策略,以灵活应对监管变化带来的挑战与机遇。同时,加强与监管机构的沟通与合作,建立稳固的互动关系,有助于基金管理人提前获取监管信息,精准把握政策走向,为投资决策提供有力支持。

3.税务风险

(1)税率变化的敏锐洞察

税率,作为影响企业盈利与投资回报的关键因素,其任何变动都可能对私募股权基金的投资布局产生重大影响。基金管理人需具备敏锐的洞察力,紧密跟踪税率调整动态,并深入分析税率变动对企业盈利能力的潜在影响。在此基础上,基金管理人应灵活调整投资策略,评估不同税率政策下的投资回报预期,并精心策划税务规划策略,力求在税法框架内最大化投资收益。

(2)税收优惠政策的深度挖掘与利用

税收优惠政策,作为政府引导资金流向、促进特定行业或地区发展的重要工具,为私募股权基金提供了宝贵的投资机遇。例如在乡村振兴战略等国家战略的引领下,一系列针对乡村经济、现代农业等领域的税收优惠政策应运而生。基金管理人需深入研究这些政策的具体内容与实施细节,评估其对企业盈利与投资回报的实质性影响。同时,积极与政府部门沟通协作,确保能够充分享受税收优惠政策带来的红利,降低投资成本,提升投资效益。

(3)跨境税务问题的专业应对

跨境投资作为私募股权基金拓展国际视野、实现全球化布局的关键途径,其涉及的税务问题尤为复杂且重要。不同国家和地区的税收制度差异显著,跨境投资往往面临双重征税、税收协定适用等挑战。为有效应对这些挑战,基金管理人需组建专业团队或寻求外部税务专家的协助,深入研究投资目的地国家的税收制度与税收协定条款,以精准把握跨境税务风险。在此基础上,制定科学合理的税务规划策略,通过合理的税务架构设计、利用税收协定减免等方式,有效降低跨境税务负担,优化投资回报结构。

(二)法律与合规风险的程度分析

1.法律合规风险评估

法律合规风险评估,作为私募股权基金风险管理的首要步骤,其重要性不言而喻。通过综合运用法律专业知识与风险评估技术,基金管理人能够系统性地识别并评估基金运作过程中可能遭遇的法律风险与合规挑战。这一过程不仅涵盖了对目标公司法律合规状况的详尽尽职调查,还涉及对基金自身运营行为的合规性审查。基于上述分析,基金管理人能够量身定制风险管理策略,从而有效遏制潜在风险的滋生与蔓延。

2.合规成本分析

合规成本是私募股权基金运营成本的重要组成部分,其合理控制对于提升基金运营效率至关重要。合规成本分析,通过对法律咨询费、培训费、系统建设费等各项开支的细致梳理与评估,为基金管理人提供了清晰的成本结构视图。在此基础上,基金管理人可以采取一系列成本控制措施,如优化合规流程、提升合规培训效率、采用先进的合规管理系统等,以最小化的合规成本实现最大化的合规效益。

3.案例研究

案例研究作为法律与合规风险管理领域的宝贵财富,其价值在于为基金管理人提供了丰富的实践样本与深刻的反思空间。通过对国内外私募股权基金在法律与合规风险管理方面的成功案例与失败教训进行深入剖析,基金管理人不仅能够汲取他人的智慧与经验,还能在对比与反思中不断优化自身的风险管理策略。这一过程不仅促进了风险管理知识的积累与传承,更为基金管理人在面对复杂多变的法律与合规环境时提供了宝贵的决策参考。

四、操作风险来源和程度分析

(一)操作风险来源

1.内部控制缺陷

内部控制缺陷,作为操作风险的核心诱因,其存在如同基金运营安全网中的漏洞,为潜在风险敞开了大门。一个健全有效的内部控制系统,是确保私募股权基金合规运营、资产安全及财务报告真实可靠的基石。

(1)内部控制系统的脆弱性

内部控制系统,这一由一系列规章制度与操作流程构成的防护网,其设计的科学性与执行的严谨性直接关系到基金运营的稳健性。然而,现实中,内部控制系统往往因设计不当或执行不力而暴露出种种缺陷,如职责界定模糊、审批流程冗长或流于形式、监督机制形同虚设等,这些缺陷会增加操作风险。

(2)风险管理流程

风险管理流程作为识别、评估、监控与控制风险的闭环机制,其完善程度直接影响到基金管理人应对操作风险的能力。然而,在实际操作中,风险管理流程往往存在诸多不足,如风险识别环节未能全面针对潜在风险点,当前的风险评估方法显得单一且准确性有待提升,风险控制措施缺乏足够的针对性和有效性,风险监控机制存在滞后性,这些问题亟待解决。这些短板导致基金管理人在面对操作风险时反应迟钝、应对乏力,进一步加剧了风险的扩散与影响。

（3）控制缺陷的影响

内部控制缺陷对私募股权基金的影响深远且多维。首先,资产流失与财务损失成为最直接的受害者,基金资产的安全与完整受到严重威胁。其次,合规风险的攀升侵蚀着基金的声誉与市场地位,投资者信任度下降,资金募集与项目投资难度加大。最后,投资决策的精准度与运营效率受到波及,投资回报的不确定性增加,基金管理人的管理绩效与长期发展潜力受到质疑。因此,加强内部控制体系建设、优化风险管理流程、及时弥补控制缺陷成为私募股权基金管理人亟待解决的重要课题。

2.人为错误

人为错误是操作风险的另一重要来源。通过加强员工培训和优化操作流程,可以有效降低人为错误的发生率。

（1）员工培训

员工培训作为提升员工专业素养与风险意识的关键环节,其重要性不言而喻。通过专业化的培训课程,员工不仅能够掌握扎实的操作技能,还能深刻理解风险管理的重要性与紧迫性。然而,若培训力度不足或培训内容过于片面,员工在实际操作中可能因知识盲区或技能不足而犯错,进而增加操作风险的发生概率。

（2）操作流程

操作流程,作为指导基金运营各项操作的具体蓝图,其科学性与合理性直接关系到操作风险的防控成效。一个清晰明确、详尽完备的操作流程,能够为员工提供明确的行动指南与严格的操作规范,有效减少因步骤模糊、指南不详而导致的操作失误。然而,若操作流程存在设计缺陷或执行不力,则可能成为人为错误的潜在诱因。

（3）人为错误的影响

人为错误对私募股权基金运营的影响深远且广泛。首先,操作失误与财务损失如影随形,直接侵蚀着基金资产的安全与完整。其次,人为错误还可能触发合规风险,损害基金的市场形象与投资者信任。更为严重的是,这些错误还可能干扰基金的投资决策过程,降低运营效率与投资回报,对基金的长期发展构成潜在威胁。

3.技术故障与信息安全

技术故障与信息安全是操作风险的重要组成部分。通过建立健全的IT系统和数据保护机制,可以有效降低技术故障和信息安全风险。

(1)IT系统

IT系统,作为私募股权基金运营的关键,其稳定性与可靠性直接关乎基金运营的流畅度与安全性。一个高效运行的IT系统,离不开先进的硬件设备支撑、精密的软件系统调控以及稳固的网络基础设施保障。然而,随着技术环境的日益复杂和潜在网络威胁的加剧,IT系统可能面临硬件故障、软件漏洞等挑战,这些挑战将直接影响基金的正常运作,从而加剧操作风险。

(2)数据保护

数据,作为私募股权基金的核心资产,其安全与隐私保护至关重要。在数字化时代,建立健全的数据保护机制,不仅是法律法规的必然要求,更是维护基金声誉、保障投资者权益的关键所在。一个完善的数据保护体系,应涵盖数据加密、访问控制、数据备份与恢复等多重防护措施,以全方位、多层次地保障数据的安全性与完整性。然而,数据保护之路并非坦途,数据泄露、非法访问等信息安全事件时有发生,对基金的信息安全构成了严峻威胁。

(3)技术故障的影响

技术故障与信息安全问题对私募股权基金运营的影响深远且多维。技术故障可能导致系统瘫痪、业务中断,直接影响基金的日常运作与投资者体验;信息安全问题则可能引发数据泄露、隐私侵犯等严重后果,损害基金的市场形象与投资者信任。更为严重的是,这两类风险还可能间接干扰基金的投资决策过程,降低运营效率与投资回报,对基金的长期发展构成潜在威胁。

(二)操作风险的程度分析

操作风险的程度分析是私募股权基金风险管理中的重要环节。通过量化操作风险、制定风险控制策略和加强信息安全管理,可以有效降低操作风险。

1.操作风险量化

操作风险量化旨在通过一系列定量分析工具,为操作风险绘制一幅清晰、量化的画像。风险矩阵、蒙特卡罗模拟等先进方法的应用,使得基金管理人能够精准评估操作风险的大小、频率及潜在影响,进而锁定风险的主要来源与关键因素。这一过程不仅为风险应对策略的制定提供了坚实的数据支撑,也增强了风险管理的前瞻性与针对性。

2.风险控制策略

面对操作风险的挑战,制定并实施全面而有效的风险控制策略显得尤为重要。加强内部控制体系建设,确保职责明确、流程规范、监督有力,是降低操作风险的基础性工作。同时,优化操作流程,简化冗余步骤,提高操作效率与准确性,也是减少人为错误与技术故障的重要途径。此外,持续强化员工培训,提升员工的专业素养与风险意识,更是构建风险防控长效机制的关键所在。通过这些措施的综合运用,基金管理人能够实现对操作风险的全面阻击,保障基金运营的平稳有序。

3.信息安全管理

加强信息安全管理,确保数据的安全与隐私保护,是降低操作风险中信息安全风险的关键环节。通过采用先进的数据加密技术、实施严格的访问控制策略、建立完备的数据备份与恢复机制等措施,基金管理人能够构建起一道坚不可摧的数据安全防线。这不仅有助于防范数据泄露、非法访问等信息安全事件的发生,也为基金在复杂多变的市场环境中稳健前行提供了有力保障。

第三节　私募股权基金风险的影响和传播

一、风险的直接影响

私募股权基金在运营过程中面临多种风险,这些风险对基金的各个方面产生直接影响。以下将详细分析这些风险对投资回报、基金流动性、投资者信心、基金管理决策实施的影响。

(一)风险对投资回报的影响

私募股权基金的核心目标是实现资本增值,为投资者带来可观的投资回报。然而,风险的存在直接威胁到这一目标的实现。市场风险、投资风险、法律与合规风险以及操作风险等,均可能导致投资项目出现亏损,进而影响基金的整体收益。特别是在乡村振兴战略中,由于涉及的领域广泛且复杂,如农业产业升级、乡村旅游开发等,这些领域的特殊性使得投资风险加大。一旦风险事件发生,不仅可能导致投资本金的损失,还可能使得预期收益大幅下降,甚至出现负收益的情况。

(二)风险对基金流动性的影响

私募股权基金的流动性通常较低,这是因为其投资的项目往往需要较长时间的培育和发展。然而,风险事件的发生会进一步影响私募股权基金的流动性。一方面,它可能导致投资者信心下降,从而减少新的资金流入;另一方面,为了应对风险,基金可能需要提前退出某些投资项目,这在某些情况下可能导致资金回流速度减缓,甚至引发资金链的紧张。此外,投资于非流动性资产(如未上市公司股权)同样会增加基金的流动性风险。当投资项目具有长期性和复杂性时，流动性风险尤为显著，这需要基金管理人进行精心策划和有效应对。

（三）风险对投资者信心的影响

投资者信心是私募股权基金稳健运营的重要基石。风险事件的发生往往会对投资者信心造成重大打击。一旦投资者对基金的管理能力和风险控制能力产生怀疑，他们可能会选择赎回资金或停止追加投资。这种信心的丧失不仅会影响基金的规模扩张，还可能引发连锁反应，导致更多的投资者撤离。

（四）风险对基金管理决策的影响

私募股权基金的管理决策直接关系到基金的运营效率和投资收益。风险的存在使得管理决策变得更加复杂和困难。基金管理人在制定投资策略、选择投资项目以及进行风险控制时，需要充分考虑各种风险因素。风险事件的发生可能迫使基金管理人调整原有的投资策略，甚至重新评估整个投资组合。

二、风险的间接影响与传播机制

除了直接影响投资回报、基金流动性、投资者信心等方面外，风险还会通过一系列复杂的传播机制产生更为广泛的间接影响。这些影响不仅局限于私募股权基金本身，还可能对整个金融市场乃至宏观经济环境产生深远影响。

（一）风险在不同投资阶段的传播路径

私募股权基金的投资流程包括项目筛选、尽职调查、投资决策、投后管理以及退出环节。在此过程中，风险会通过各种路径传播，显著影响基金的整体绩效。

1.初期投资阶段的风险

在项目筛选与尽职调查阶段,风险主要来自市场波动和政策调整。市场波动可引发投资项目估值的不稳定,而税收政策或行业监管等政策变化,则可能直接影响项目的可行性与收益预期。例如,环保法规的收紧可能提升特定行业的合规成本,进而影响投资决策。

2.成长期管理阶段的风险

随着项目进入成长期管理阶段,行业周期波动和运营风险成为核心问题。行业周期变化可能导致市场需求波动,从而影响项目盈利能力。同时,运营风险,如管理团队更迭或技术创新失败,均可能对项目的运营效果和市场竞争力产生直接影响。例如,某科技企业在技术研发上的失败可能导致其市场份额丧失,进而影响投资回报。

3.退出阶段的风险

在退出阶段,主要风险转变为市场流动性和估值风险。市场流动性不足可能阻碍项目在预期时间内顺利退出,进而影响投资回报。同时,估值风险可能导致项目退出时的估值低于预期水平,从而影响最终收益。

(二)风险在不同市场参与者间的传播

私募股权基金市场涉及多方参与者,包括基金管理人、投资者、被投资企业及监管机构,构成了一个错综复杂的生态系统。在此系统中,任一环节的风险均可能通过网络效应迅速波及整个系统。

1.基金管理人与投资者间的风险联动

风险在基金管理人与投资者之间的传播,主要表现在投资决策失误及资金流动性问题上。若基金管理人的投资决策出现失误,将可能削弱投资者信心,触发赎回潮,进而提升基金的流动性风险。当某基金因投资策略不当导致亏损,投资者信心受挫时,通常会引发大规模赎回,使基金面临严重的资金压力。

2.基金与被投企业间的风险共担

在基金与被投企业之间,风险主要通过经营和财务层面进行传播。被投企业的经营困境会直接导致基金的投资亏损,同时,基金的流动性紧张亦可能影响被投企业的运营资金稳定性。若被投企业因市场竞争加剧而陷入经营困境,将直接影响基金的投资收益。

3.基金与金融机构间的风险传递

基金与金融机构之间的风险传播,主要体现在融资和信用方面。基金的融资难题可能阻碍其及时获得必要的运营资金,进而影响正常的投资活动。同时,金融机构的信用状况也会影响基金的融资成本和融资渠道选择。例如,基金若因信用评级下滑而面临融资成本上升,将间接损害其投资收益。

(三)风险与宏观经济因素的相互作用

私募股权基金的风险传播还受到宏观经济因素的影响。一方面,宏观经济环境的变化(如经济增长率、通货膨胀率、利率等)会直接影响到私募股权基金的投资收益和风险水平。另一方面,私募股权基金市场的风险状况反过来也会对宏观经济产生影响。例如,当私募股权基金市场出现大规模的风险事件时,可能会导致投资者信心下降、资本流动性减少,进而对经济增长和就业等宏观经济指标产生负面影响。

(四)风险传播的网络效应分析

在现代金融体系中,网络效应对风险传播的影响不容忽视。私募股权基金市场作为一个高度网络化的系统,其风险传播也呈现出明显的网络效应。具体来说,当某个节点(如某个重要的私募股权基金或投资企业)出现风险时,这种风险可能会通过网络连接迅速扩散到其他节点。这种网络效应不仅加快了风险的传播速度,扩大了风险的传播范围,还可能引发整个系统的崩溃。因此,在分析私募股权基金的风险传播机制时,必须充分考虑网络效应。

(五)风险传播的动态模型构建

为了更好地理解和预测私募股权基金风险的传播机制,构建动态模型显得尤为重要。通过引入系统动力学、时间序列分析、复杂网络理论、蒙特卡罗模拟等方法,可以构建一个能够模拟风险传播过程的动态模型。这个模型不仅可以揭示风险在不同投资阶段、不同市场参与者以及宏观经济因素之间的传播路径和机制,还可以帮助我们预测和评估未来可能出现的风险状况。这对于制定有效的风险管理策略和应对措施具有重要意义。

第四节 私募股权基金风险的识别、评估和度量

一、风险识别方法

风险识别的关键在于敏锐地捕捉并精准地识别出可能影响私募股权基金稳健运作的各类风险因素。这一过程可细分为内部与外部两大维度,旨在构建全方位、多层次的风险感知网络。

(一)内部风险识别

内部风险识别,聚焦于基金内部的运营肌理与管理脉络,旨在从源头挖掘潜在的风险隐患。具体而言,内部风险识别涵盖以下几个关键环节。

1.内部控制系统

内部控制的有效性直接关系到私募股权基金的合规性、资产安全以及财务报告的公信力。通过细致审查内部控制框架,基金管理人能够精准地识别出职责划分不明确、审批流程存在疏漏等内部控制缺陷,进而有效防范操作风险,降低资产流失的风险。

2.风险管理流程

风险管理流程,作为识别、评估、监控与应对风险的闭环体系,其健全与否直接关系到风险管理成效。通过系统梳理风险管理流程,基金管理人能够敏锐地发现风险识别盲区、评估偏差等薄弱环节,并据此优化风险管理策略,以增强风险应对能力。

3.员工培训与管理

员工,作为基金运营的直接参与者,其操作技能与风险意识是风险管理不可或缺的一环。通过评估员工的培训状况和管理机制,基金管理人能够前瞻性地识别出因培训不足、操作流程存在缺陷等导致的人为错误风险,进而采取针对性的措施来加强员工的风险防控能力。

4.信息技术系统

信息技术系统,作为基金运营的科技支撑,其稳定性与安全性直接关系到基金运营的连续性与数据保护。通过全面检测信息技术系统的运行状态和防护措施的有效性,基金管理人能够及时发现系统漏洞、数据泄露等潜在风险,确保信息安全,保障基金运营的顺畅进行。

5.财务管理

财务管理的规范性和透明度对于维护投资者信任、促进投资决策的合理性具有直接影响。通过严格审查财务管理流程和财务报告的准确性和完整性,基金管理人能够精准地识别出财务报表失真、资金管理不规范等财务风险,为私募股权基金的稳健运行提供有力的保障。

(二)外部风险识别

外部风险识别是指通过对外部环境的分析,识别出可能影响基金运营的外部风险因素。外部风险识别主要包括以下几个方面。

1.宏观经济环境

基金管理人需密切关注经济增长态势、通货膨胀水平等关键经济指标,以预测市场需求与企业盈利能力的变化趋势。经济增长的放缓、通货膨胀的攀升等不利因素，都可能预示着市场需求的萎缩与企业盈利能力的承压。

2.行业发展趋势

通过深入分析行业周期、技术创新等市场动态，基金管理人能够敏锐地捕捉到行业风险和市场风险的苗头。行业周期的波动、技术创新的冲击等因素都可能加剧市场竞争，压缩企业盈利空间，因此基金管理人需及时调整投资策略，以规避潜在风险。

3.政策法规变化

基金管理人需紧跟政策动向，深入解读税收政策、环保法规等变化，评估其对企业合规成本及盈利能力的潜在影响。及时响应政策变化，不仅能够确保基金运营的合规性，还能为投资决策提供有力支持。

4.市场竞争环境

通过深入分析市场格局、竞争对手策略等因素，基金管理人能够清晰地描绘出市场竞争的激烈程度与风险分布轮廓。市场竞争加剧、行业整合加速等趋势，都可能对企业市场份额与盈利能力构成挑战。因此，基金管理人需密切关注市场动态，灵活调整投资策略，以应对潜在的市场风险与竞争风险。

5.社会环境变化

通过关注消费者偏好、社会舆论等趋势，基金管理人能够提前预警社会风险和声誉风险的潜在威胁。消费者偏好的变迁、负面舆论的扩散等事件，都可能削弱企业市场需求，损害企业声誉。因此，基金管理人需保持高度敏感，及时采取措施以应对社会环境变化带来的挑战。

二、风险评估方法

风险评估是风险管理过程中的核心环节，其使命在于对潜在风险进行细致入微的识别、精确无误的量化以及客观公正的评价。在私募股权基金领域,风险评估方法可以细分为定性评估与定量评估两大维度,并融合于综合评估体系中。

(一)定性评估方法

定性评估,以其非数值化的独特视角,深入挖掘风险的本质与特征,主要依托专家深厚的行业洞察与严谨的逻辑推理。

1.专家评估法

专家评估法是一种依靠专家经验和知识对风险进行评估的方法。通过邀请经验丰富、学识渊博的专家团队,对基金面临的风险进行深入剖析与主观评判。实施路径清晰明了:界定评估范围,精选行业专家,采用问卷调研、深度访谈或专题会议等形式,广泛收集并整合专家意见,最终绘制出风险的大小图谱与重要性排序。此法简便快捷,能迅速勾勒风险轮廓,但需要警惕专家主观偏见与经验局限可能带来的评估偏差。

2.情景分析法

情景分析法是通过设想未来可能出现的多种情景,并分析这些情景下风险因素的可能变化和影响。在私募股权基金领域,此法助力管理者构建多元化的未来场景,如经济增长的浪潮、市场波动的风云等,进而分析每种情景下基金的风险暴露与潜在损失。通过这一前瞻性的视角,管理者得以未雨绸缪,制定出更加灵活与有效的风险管理策略。情景分析法的魅力在于其全面性与前瞻性,但情景构建的合理性与覆盖广度成为影响评估精度的关键因素。

3.德尔菲法

德尔菲法是一种在一组专家中取得可靠共识的程序。专家们单独、匿名地表达各自的观点,同时随着过程的进展,他们有机会了解其他专家的观点。这个方法通过反复填写问卷,搜集各方意见,以形成专家之间的共识。

在私募股权基金风险评估过程中,德尔菲法通过专家间的反复征询与反馈,有助于管理者收集更全面、客观的风险评估意见。实施时需注意保证专家的独立性和匿名性,避免意见受到外界干扰。经过多轮征询和反馈,最终得到一个相对一致的风险评估结果。

(二)定量评估方法

1.风险价值(VaR)模型

作为定量评估的核心,VaR模型通过设定特定的置信水平和持有期限,科学估算基金在未来某一时间窗口内可能面临的最大潜在损失。这一方法不仅为风险管理策略的制定提供了坚实的数据支撑,还帮助基金管理人明确了风险管理的底线。然而,VaR模型的准确性在很大程度上取决于模型假设的合理性以及参数选择的精确性。

2.敏感性分析

敏感性分析作为识别投资组合对外部环境变化敏感度的关键工具,通过模拟多种假设情景,剖析投资组合在不同市场条件下的动态表现。它聚焦于关键变量的微小变动对基金收益的潜在影响,使基金管理人能够预测利率波动、汇率变动等外部因素如何影响投资组合,并据此灵活调整融资策略、优化外汇管理机制等,以缓解不利因素对投资组合的冲击。这一过程不仅增强了风险管理的预见性和主动性,还为资源的优化配置提供了科学依据。

3.压力测试

压力测试则是风险评估领域的极限挑战,通常将基金置于股市崩盘、信用风暴等极端市场环境中进行实战演练。它通过构建多样化的极端情景并模拟基金在这些极端条件下的实际反应,全面评估基金的生存能力和恢复能力。这一过程不仅考验了基金管理人的智慧和应变能力,更是对投资者利益保护承诺的坚定践行。压力测试的结果为基金管理人提供了在极端不利情况下的风险应对预案,确保了基金在复杂多变的市场环境中依然能够稳健运行。然而,情景设定的合理性与全面性,亦如同双刃剑的两面,既是评估结果的坚实基石,也可能会成为其局限性的来源。

(三)综合评估体系的构建

1.评估指标的选择与权重分配

构建综合评估体系的首要步骤,在于精心挑选能够全面覆盖市场风险、操作风险、信用风险等多维度的评估指标。这些指标需具备高度的代表性与敏感性,能够准确反映基金运营过程中可能遭遇的各类风险。同时,采用专家打分、层次分析法等科学方法,对各项指标进行科学评估与权重分配,以确保评估结果既符合实际情况又具备公正性。

2.评估模型的建立与优化

基于精心挑选的评估指标与合理分配的权重,构建出一个综合评估模型,该模型应如同精密的仪器,能够全面、系统地剖析基金面临的各类风险因素及其相互间的关联与影响。在模型构建过程中,基金管理者需秉持严谨的科学态度,持续对模型参数进行微调与优化,以追求评估结果的精准性和可靠性。

3.评估结果的应用与反馈机制

综合评估体系的价值在于其评估结果的应用与反馈。基金管理者应定期或根据实际需要,运用该评估体系对基金进行全面的风险评估,以便及时捕捉风险信号并发出预警。评估结果不仅为管理者的决策提供有力支持,还有助于指导投资策略的调整与风险管理措施的优化。同时,建立高效的反馈机制至关重要,通过系统地收集和分析评估结果中的反馈意见与不足之处,基金管理者能够持续优化评估体系,确保其紧密贴合基金运营的实际需求保持高度的适应性和有效性。

三、风险度量方法

在私募股权基金的风险管理过程中,采用科学的风险度量方法能帮助基金管理人准确把握风险脉搏,从而制定出高效的风险管理策略。

(一)风险度量的基本原理

1.概率分布与期望值理论

风险度量的学术基础深深植根于概率论与期望值理论之中。概率论为风险事件的随机性提供了科学的描述工具,通过构建概率分布模型,基金管理者能够系统地描述风险事件发生的可能性及其后果的不确定性。期望值理论则进一步加深了对风险与收益平衡关系的理解,通过计算随机变量的期望值,能够评估风险事件在平均意义下的影响,为风险管理决策提供坚实的理论基础。

2.风险度量的数学基础

在风险度量的学术探讨中,一系列统计度量指标发挥着至关重要的作用:

(1)方差与标准差

方差与标准差作为衡量数据波动性的经典指标,其学术价值在于揭示了金融变量偏离其均值的程度,从而直观反映了风险水平的高低。

(2)协方差与相关系数

协方差与相关系数进一步拓展了风险分析的维度,通过量化不同资产间的联动性,为投资组合的风险分散策略提供了理论依据。相关系数是协方差标准化后的结果,取值范围在 -1 到 1 之间。

(3)概率密度函数与累积分布函数

概率密度函数(PDF)描述了随机变量在某一取值范围内的概率密度,

累积分布函数（CDF）描述了随机变量小于或等于某一取值的概率。PDF 和 CDF 用于描述金融变量的分布特征，从而为风险度量提供基础。

通过深入理解并熟练掌握这些数学基础，基金管理人能够实现对风险性的精确量化，为制定科学、合理的风险管理策略提供科学依据。

（二）常用的风险度量方法

1.标准差与方差分析

标准差与方差分析作为风险度量的基础，以其简洁的方式揭示了资产收益率的波动特性。通过收集详尽的历史收益率数据，并运用数学公式精心计算，我们可以了解资产收益率围绕其平均值的波动轨迹。方差，这一衡量数据离散程度的指标，直观展示了收益率偏离平均值的程度；而标准差，作为方差的平方根，则进一步简化了这一复杂信息，使管理者能够更直观地把握资产的波动性。标准差与方差的数值越高，意味着资产的波动性越大，潜在风险也相应提升。

2.风险价值（VaR）的进一步探讨

在前述定量评估中已提及 VaR 模型的重要性，此处进一步强调其在风险度量中的核心地位。VaR 不仅为基金管理人设定了明确的风险界限，还与预期短缺值（ES）相结合，提供了更为全面的极端风险评估。VaR 模型通过依托历史数据，精准地评估了资产在特定置信水平下的最大潜在损失，为投资策略的制定提供了可靠的风险参照。而 ES 值则进一步揭示了损失超越 VaR 阈值时的平均损失状况，增强了风险管理的深度与广度。VaR 与 ES 的双重应用，不仅使基金管理人能够精准把握极端市场条件下的风险暴露，还为其制定精细且有效的风险管理策略提供了强有力的数据支撑与决策依据。

3.条件风险价值（CVaR）

条件风险价值（CVaR）作为在险价值（VaR）的延伸，旨在评估当损失超过 VaR 阈值时的平均损失。其实施步骤包括收集资产或投资组合的历史收益率数据,根据适当的分布假设和置信水平构建 CVaR 模型,通过该模型首先计算出 VaR 值,以确定超出 VaR 的损失范围,进而计算在此范围内的平均损失,即得到 CVaR。通过运用 CVaR 模型,基金管理人能够更深入地了解在极端市场条件下资产或投资组合的潜在风险水平,并据此制定针对性的风险管理策略。

第五节 私募股权基金风险管理展望

私募股权基金作为金融市场中的关键参与者,长期面临复杂多变的风险环境。随着全球经济的深度融合和技术创新的加速推进,私募股权基金风险管理正经历着前所未有的变革。

一、技术进步对风险管理的影响

(一)人工智能与大数据的深度融合

人工智能(AI)与大数据技术的迅猛发展,正深刻变革私募股权基金的风险管理格局。AI 赋能的智能风险预警系统,凭借对海量市场数据的实时分析能力,迅速捕捉风险信号,为基金管理人提供即时预警,显著提升风险识别效率,助力其在风险暴露前采取有效预防措施。此外,基于大数据构建的风险评估模型,能够全面考量各种风险因素及其相互关系,从而提升风险度量的准确性和时效性。相比传统的统计模型,这些先进的风险评估模型能够捕捉更多的非线性关系和复杂动态,为基金管理人提供更为科学、客观的风险评估结果。

随着人工智能技术的飞速发展，AI辅助决策工具在私募股权基金风险管理领域的应用日益深化，成为基金管理人应对市场变化的得力助手。这些工具能够根据基金管理人的个性化需求，精准定制风险管理策略，通过整合海量市场数据、深度行业报告及专家智慧，综合考量各类因素，为基金管理人量身定制最优的风险管理方案。

(二)区块链技术的应用

首先，近年来兴起的区块链技术，作为一种新型分布式账本技术，在私募股权基金的风险管理中展现出显著潜力。区块链技术凭借其不可篡改的特性，确保了所有交易记录被永久记录在链上，所有参与者均可对交易记录进行监督和验证，从而有效降低了信息不对称带来的潜在风险。这种透明度的提升，让基金管理人能够更加清晰地洞察项目真相，及时识别并应对潜在威胁。

其次，智能合约在私募股权基金风险管理中的创新应用。智能合约，这一自动执行的数字协议，能够在预设条件下无缝触发风险管理措施，如智能调整投资组合结构、即时启动止损机制等，极大地减少了人为操作的误差与延误，提升了风险管理的效率与安全性。区块链与智能合约的深度融合，正引领着私募股权基金风险管理迈向一个更加透明、高效与智能的新时代。

二、市场需求变化对风险管理的要求

(一)投资者偏好转变

随着全球投资者对可持续发展和社会责任意识的提升，ESG（环境、社会与治理）投资理念正迅速渗透到私募股权基金领域。这一转变不仅重塑了投资者的价值取向，也对基金管理人的风险管理策略提出了新的挑战与机遇。

首先,基金管理人需主动拥抱 ESG 理念,将其深度融入风险管理框架之中。这意味着在筛选与评估投资项目时,不仅要考量其财务表现,更要全面审视其环境绩效、社会贡献及治理结构,确保投资行为与社会责任相契合。通过强化 ESG 评估,基金管理人有效规避了因投资对象 ESG 表现不佳而引发的声誉危机与法律风险,维护了基金的长期信誉与价值。

其次,面对投资者日益多元化的偏好,基金管理人须展现高度的定制化服务能力。针对偏好环境可持续性的投资者,可精心策划绿色能源、清洁能源等环保领域的投资布局;而对于热衷社会责任的投资者,则可在教育、医疗等公益领域加大投入力度。这种个性化的风险管理解决方案不仅精准满足投资者需求,还增强了投资者的信任与忠诚度,为基金的长远发展奠定了坚实基础。

(二)投资全球化与多元化

随着全球经济的紧密交织与资本市场的日益开放,私募股权基金的投资领域正加速向全球拓展。这一全球化趋势为基金管理人开辟了更广阔的投资天地,但同时也带来了前所未有的风险挑战。

面对复杂多变的国际市场环境,基金管理人需加强跨文化沟通能力并提升风险管理能力。在涉足海外市场前,需对目标市场进行详尽的调研与分析,深入把握其市场环境、政策法规及潜在风险,为投资决策提供坚实依据。同时,建立健全跨境风险管理机制,确保在风险事件突发时能够迅速响应、有效应对,最大限度地降低损失。

此外,投资全球化还呼唤着更加多元化的投资组合策略。通过在全球范围内分散投资于不同地区、行业及资产类别,基金管理人能够有效分散单一市场或行业带来的风险集中,提升投资组合的整体稳健性与抗风险能力。例如,在构建投资组合时,可巧妙布局北美、欧洲、亚洲等多元化市场,同时在科技、医疗、消费等多个领域灵活配置资产,以实现风险与收益的最优平衡。

三、政策法规调整对风险管理的挑战与机遇

(一)监管政策趋严:挑战与机遇并存

在全球金融市场日益复杂且创新金融产品不断涌现的背景下,各国政府与监管机构对私募股权基金的监管力度显著加强。这一趋势无疑给基金管理人带来了合规成本上升的直接挑战,迫使其投入更多资源以满足日益严格的监管要求。然而,从长远视角来看,趋严的监管政策实际上为提升风险管理能力提供了深层机遇。

首先,合规成本的增加促使基金管理人不得不深化内部风险管理体系的构建。为了应对监管压力并降低合规风险,基金管理人需持续完善内部控制机制、强化员工培训、并提升信息系统安全性等关键领域的水平。这一系列举措不仅有助于基金管理人更好地抵御外部监管挑战,更在无形中提升了其整体运营效率和风险管理水平,为基金的长远稳健发展奠定了坚实基础。

其次,严格的监管政策有助于推动私募股权基金行业的规范化进程。通过加大监管与执法力度,政府能够有效打击违法违规行为,切实保护投资者利益,维护市场秩序。这一积极变化不仅提升了私募股权基金行业的整体形象和声誉,还吸引了更多合规投资者的目光,为行业的可持续发展注入了强劲动力。

(二)政策支持与激励:开启发展新篇章

与加强监管并行不悖的是,各国政府还积极出台了一系列政策支持措施,旨在为私募股权基金的发展营造更加有利的环境。这些政策不仅为基金管理人拓宽了发展空间和市场机遇,还通过降低运营成本、增强风险管理能力等方式,为行业的蓬勃发展提供了坚实支撑。一方面,政府以税收优

惠、财政补贴等实质性利好为杠杆,撬动基金管理人的运营成本有效降低,同时提升其投资于高科技、绿色能源等前沿领域的热情。另一方面,政府还积极搭建国际合作的桥梁,推动跨境投资的便利。政府通过签署双边或多边投资协定、构建跨境投资合作机制等创新举措,为基金管理人开辟了跨境投资的便捷通道。这不仅让基金管理人得以在全球范围内投资,捕捉更多投资机会,还通过降低跨境投资风险,促进了国际资本的自由流动与全球资源的优化配置。

四、基金管理人面临的挑战与机遇

(一)面临的挑战

1.技术快速迭代与整合挑战

随着人工智能、大数据、区块链等前沿技术的飞速发展,私募股权基金行业正经历一场深刻的技术革命。这些新技术的快速迭代不仅要求基金管理人具备持续学习的能力,还考验着他们如何有效整合这些技术以优化风险管理流程。技术整合的复杂性、高昂的学习成本以及对专业人才的需求,都是基金管理人必须面对的现实挑战。

2.市场竞争加剧与差异化竞争

私募股权基金市场的竞争日益激烈,新进入者不断增多,市场门槛相对降低。为了在竞争中脱颖而出,基金管理人需要实现投资策略、风险管理及客户服务等方面的差异化。然而,实现差异化竞争不仅需要创新思维,还需具备深厚的行业洞察力和强大的执行能力,这对基金管理人的综合能力提出了更高要求。

3.全球经济不确定性加剧

全球经济的不确定性、地缘政治风险的频发以及突发事件的影响,使得市场环境变得更加复杂多变。这种不确定性要求基金管理人具备更强的风险识别、评估与应对能力。他们需要密切关注全球经济动态，及时调整投资策略，以应对可能的市场波动和风险事件。

(二)面临的机遇

1. 技术创新助力风险管理智能化

尽管技术迭代带来了挑战，但它同时也为基金管理人提供了提升风险管理水平的强大工具。通过运用人工智能、大数据等技术，基金管理人可以实现风险预警、评估与控制的智能化，提高风险管理的效率和准确性。这不仅有助于降低人为操作失误的风险，还能为基金管理人赢得市场竞争优势。

2. 投资者需求多样化促进产品创新

随着投资者偏好的转变和全球化投资趋势的加强，私募股权基金市场的需求日益多样化。这为基金管理人提供了广阔的创新空间。他们可以根据市场需求的变化，设计出符合投资者需求的新型私募股权基金产品，如ESG投资基金、跨境并购基金等。通过产品创新，基金管理人可以满足不同投资者的多元化需求，拓展市场份额。

3. 政策支持推动行业规范发展

各国政府和监管机构对私募股权基金行业的支持力度不断加大，出台了一系列旨在促进行业规范发展的政策措施。这些政策不仅为基金管理人提供了良好的外部环境，还降低了他们的运营成本，提高了盈利能力。同时，政策引导也促使基金管理人加强内部管理，提高风险管理水平，以更好地适应行业发展的要求。

本章小结

　　本章立足于私募股权基金风险管理的广泛视角,深度剖析了系统性与非系统性风险,详尽解析了市场风险、信用风险、流动性风险及操作风险的核心特性。通过融合定性与定量评估工具的先进方法,不仅实现了对各类风险的精准量化与全面评估,还突出了风险分类与特性分析在制定高效风险管理策略中的核心地位。同时,本章敏锐捕捉到技术进步与市场需求变迁对风险管理模式的潜在影响,展望了未来发展趋势。综上所述,本章构建了一套完备的风险管理体系框架,为投资者与基金管理人在复杂多变的市场环境中稳健前行、实现可持续发展奠定了坚实的理论基础与实践指导。

第四章 乡村振兴私募股权基金风险的特性、复杂性与管理策略

在乡村振兴这一国家战略的布局下,私募股权基金凭借其雄厚的资金实力与灵活的投资策略,激活了乡村经济的内在活力,加速了产业升级的步伐。然而,这一过程中,乡村振兴私募股权基金(以下简称乡村振兴基金)面临的风险挑战既纷繁复杂又独具特色,既受宏观经济风云变幻、政策风向标调整的外部冲击,又深嵌于乡村社会结构的特殊性与经济基础的薄弱性之中。本章立足于第三章分析的基础上,聚焦乡村振兴基金的风险管理领域,旨在深入探索其风险的特殊性、复杂性,以及如何通过科学的识别评估方法实现风险与机遇的平衡,力图构建一个清晰的风险认知框架,为基金管理者提供启示。

第一节 乡村振兴基金风险的特殊性

乡村振兴基金作为推动乡村发展的重要金融工具,在运作过程中面临着多种风险。这些风险不仅涵盖了私募股权基金常见的共性风险,还因乡村振兴背景的特殊性和复杂性而展现出独特的风险特征。本节将从政策风险、市场风险、社会风险和技术风险四个方面,详细探讨乡村振兴基金风险的特殊性。

一、政策风险：国家政策变动对基金运作的影响

政策风险是乡村振兴基金运作中不可忽视的关键因素，源于国家政策的变动，对基金的投资策略、运作模式和收益预期产生直接影响。由于乡村振兴基金的成功高度依赖于稳定的政策环境，因此政策的连续性和一致性成为基金运作的重要基石。

（一）政策调整的动因及影响

在政策调整的过程中，以下几个领域的变动尤为引人注目，它们不仅深刻影响着农业生产的每一个环节，也直接关联到乡村振兴基金的投资策略与成效。

1. 农业补贴政策的精准调控

农业补贴政策作为政府调控农业经济的重要杠杆，其调整方向往往反映了国家对农业发展的战略导向。政府可能根据粮食安全需求、农业结构调整目标以及财政状况，对补贴政策进行精细化调整。这不仅涉及补贴额度的增减，更关乎补贴对象的精准选择与补贴方式的创新优化。这些变动直接影响农业生产成本、农民收入及农产品市场竞争力，进而引导乡村振兴基金的投资流向，促使基金管理者密切关注政策动态，灵活调整投资策略以把握政策红利。

2. 土地流转政策的动态优化

土地流转政策的调整，直接关系到农业生产规模化、现代化的进程。政府可能通过放宽流转条件、延长流转期限、简化流转程序等措施，促进土地资源的优化配置与高效利用。这些变化为农业投资者提供了更广阔的投资空间与更稳定的预期回报，同时也要求乡村振兴基金紧跟政策步伐，重新评估土地投资项目，确保投资决策与政策导向高度契合，有效规避潜在风险并捕捉投资机会。

3.农村金融政策的创新深化

农村金融政策的更新迭代,为农业融资格局带来了深刻变革。政府通过增强信贷支持、引入农业保险与期货市场等创新工具,不仅缓解了农业经营者的资金压力,也为农业风险管理提供了多元化解决方案。同时,监管环境的变化引导金融机构调整放贷政策与风险取向,影响农业项目的融资成本与融资便利性。乡村振兴基金需紧密关注金融政策动态,评估其对资金筹集成本与投资项目融资条件的影响,制定相应策略以应对金融环境的新变化。

4.税收优惠政策的差异化引导

税收优惠政策作为政府激励农业投资的重要手段,通过减免税、加速折旧等措施有效降低涉农企业运营成本,提升其盈利空间与投资吸引力。政府还利用差异化税收优惠引导资本流向生态农业、高科技农业等国家重点支持领域。乡村振兴基金应深入研究并充分利用税收优惠政策,优化投资规划与资金配置策略,以最大化税后收益并加强合规性管理,确保投资活动符合税收法规要求,避免税务风险。

5.农产品市场准入政策的严格把关

农产品市场准入政策的实施,旨在保障农产品质量与安全,维护消费者权益与公众信任。随着消费者对农产品品质要求的不断提高及国际贸易壁垒的日益复杂,市场准入政策也在不断完善与升级。这些政策变化不仅影响农产品的国内销售与国际贸易,也引导农业生产者提升技术水平与管理能力以满足更高标准。乡村振兴基金需密切关注市场准入政策的动态调整,选择符合或超越准入标准的投资项目,确保投资项目的长期可持续发展与国际竞争力。

6.农业保险政策的强化保障

农业保险政策的完善与发展,为农业生产提供了强有力的风险保障与收入稳定机制。政府通过政策性保险补贴与税收优惠等措施支持农业保险市场发展,提高保险覆盖率与服务水平。农业保险不仅减轻了农业生产者因自然灾害、市场波动等因素造成的损失负担,也降低了农业投资的整体风险水平,吸引了更多资本进入农业领域。乡村振兴基金应积极将农业保险政策作为风险管理工具,优先投资于享受政策性保险支持的项目,以降低投资风险,提升投资安全性与吸引力,进而增强基金投资农业项目的可行性与综合效益。

7.农产品加工与流通政策的战略导向

农产品加工与流通政策,作为提升农产品市场竞争力与附加值、优化农业产业结构、促进农民增收的关键举措,其重要性不言而喻。这些政策通过构建规范化、高效化的农产品加工、储存、运输与销售体系,不仅增强了农产品满足市场多元化需求的能力,还加速了农业产业链的延伸与转型升级。政策鼓励的产业链整合策略,有效促进了农产品加工企业与农户之间的深度合作,构建起紧密协作的一体化产业链生态。政府通过财政补贴、税收优惠及技术支持等多重手段,为农产品加工与流通基础设施的建设提供坚实支撑,同时引导企业紧跟市场需求,持续推动产品与服务创新。对于乡村振兴基金而言,农产品加工与流通政策不仅是投资的风向标,更是实现基金价值与社会效益双赢的重要途径。

8.农村基础设施建设政策的基石作用

政府通过大规模投资于农村交通、水利、能源及通信等基础设施领域,不仅为农村经济的长远发展奠定了坚实的物质基础,还极大改善了农村的生产生活条件,激发了农村经济的多元化发展潜力。这些基础设施的完善,对于提升农业生产效率、降低生产成本、增强农产品市场竞争力具有至关重要的作用,进而促进了农民收入的稳步增长。尤为值得一提的是,政府通过财政投入、政策引导及激励机制的综合运用,有效吸引了社会资本的广泛参与,不仅提升了农村基础设施建设的效率与质量,还为乡村振兴基金开辟了广阔的投资空间。

（二）风险表现

在乡村振兴基金的投资实践中，国家政策的动态调整如同一把双刃剑，既可能开辟新的机遇之门，也可能潜藏着不容忽视的风险挑战。基金管理者需保持高度警觉，审慎应对以下几类风险。

1.投资项目合规性风险

政策调整可能导致既有投资项目与新的政策框架脱节，面临合规性挑战。例如，补贴政策的削减或环保标准的提升，可能直接冲击项目财务健康，迫使项目进行成本高昂的技术改造或流程调整。此外，政策不确定性削弱投资者信心，影响基金募资与市场信誉，要求管理者密切跟踪政策动向，灵活调整项目策略以维持合规性。

2.投资回报预期的波动风险

政策变动深刻影响市场供需格局、定价机制及准入条件，导致投资回报预期波动加剧。贸易限制、生产配额调整等直接冲击农产品市场价格，而环保、质量标准等政策则重塑市场准入壁垒，影响产品市场范围与潜在客户群。基金管理者需具备敏锐的市场洞察力，动态调整投资策略与定价模型，以应对回报预期的不确定性。

3.资金重新配置的流动性风险

政策变化驱动资金重新配置，考验基金管理者的资源配置智慧。管理者需细致评估现有项目在新政策环境下的适宜性与潜力，同时积极探索新兴投资领域，确保资金有效流动与风险分散。在此过程中，保持充足的流动性以应对突发需求与机遇捕捉，并合理规划交易成本，是基金稳健运营的关键。

4.快速响应政策变化的适应性风险

政策变动的迅速性与不可预测性要求基金管理者具备高度的灵活性与应变能力。基金需建立高效的政策监测系统，实时追踪政策动态，制定灵活投资策略,确保在政策风向转变时能够迅速调整投资组合与投资节奏。同时,提升决策效率与透明度,有效评估并应对新风险,是保障基金稳健前行的重要基石。

5.政策环境变化的非稳定性风险

政策环境的非稳定性增加了投资决策的难度与不确定性,干扰长期规划的执行。基金管理者需深入理解政策不确定性的本质,并加强政策变动监测与评估能力,以制定具有韧性的风险管理策略。在保持投资策略灵活性的同时,注重政策透明度的提升与沟通机制的建立,以减轻政策变动对基金运营的负面影响。

(三)应对策略

为有效应对国家政策调整带来的挑战,乡村振兴基金需采取一系列精细化、前瞻性的策略,确保投资决策的稳健与灵活并重。

1.构建全方位政策监测与动态合规管理体系

为了精准捕捉政策风向,乡村振兴基金需精心构建一套全方位、多层次的政策监测框架。此框架深度融合数据库技术、智能算法模型及专业分析工具,实现对从中央到地方各级政策变动的即时、全面追踪,尤其聚焦于农业补贴、土地使用政策、环境保护规定及税收优惠等核心领域,这些领域直接关乎基金投资决策的有效性。监测过程中,基金不仅收集政策文本与官方公告,还广泛摄取相关新闻报道,确保信息来源的多元化与实时性。

获得政策信息后,基金将启动深入的分析与评估机制,旨在探明政策变动背后的深层动因,预测市场对此的反应模式,并精确评估这些变动对投资策略的具体影响。这一过程强调跨部门间的紧密协作,汇聚投资团队、风险管理、合规部门及外部专家的智慧与力量,确保对政策变动的理解全面透彻,应对措施及时有效。

在合规性管理方面,乡村振兴基金需实施一套动态、周期性的合规性审查计划。该计划采用全面而细致的评估方法,不仅回顾项目合规性的历史记录,还严格检验当前政策环境下的符合程度,并前瞻性地评估未来政策变动可能带来的挑战。审查期间,基金将敏锐识别潜在的合规风险,迅速制定并实施风险缓解策略,如调整项目运营策略、及时申请必要许可或寻求专业法律咨询等。

为确保团队对最新政策要求的深刻理解与灵活运用,基金需定期组织合规培训,覆盖管理层与投资团队全员。同时,通过定期进行的合规性审计,基金不仅验证审查流程的有效性,还及时揭露并纠正任何合规隐患,确保基金投资活动的持续合规性。面对重大政策变动,基金将迅速启动既定应对策略,包括重新评估投资决策、灵活调整投资组合或采取其他必要风险管理措施,以维护基金的稳定运营与长期发展。

2.实施多元化投资策略与深化市场趋势洞察

为有效抵御政策调整带来的不确定性风险,乡村振兴基金应采取多元化投资策略,构建稳健的投资组合。这一策略涵盖跨行业布局,深入农业科技、可再生能源、农村基础设施建设等多个领域,通过行业间的风险对冲,减轻单一行业政策变动对整体投资组合的冲击。同时,实施地域分散投资,跨越不同区域进行项目部署,降低特定地区政策变动对基金整体表现的影响。此外,注重投资阶段的多元化,覆盖从初创期至成熟期的各类企业,利用不同阶段企业对政策变化的不同敏感度和应对能力,增强投资组合的韧性。

在市场趋势分析方面,乡村振兴基金致力于构建系统化的市场分析体系,作为预测政策影响与制定投资策略的核心工具。基金定期进行深入市场研究,紧跟行业发展趋势、消费者行为变迁及技术进步步伐,洞悉这些市场动态如何潜在地塑造政策走向。基金通过整合历史数据与市场研究成果,运用先进的数据分析技术,开发精准的政策预测模型,以预测政策变化的概率与潜在方向。同时,强化宏观经济分析,密切关注通货膨胀率、就业率、GDP增长率等关键指标,深入理解宏观经济环境对政策调整的深层影响。

为确保投资决策与市场趋势紧密契合,基金制定灵活多变的投资策略,并积极融入市场,通过高效的投资者关系管理,及时捕捉市场信号与反馈。基金将政策监测与市场趋势分析深度融合,构建综合决策支持系统,不仅分析政策变动如何引领市场趋势,还洞察市场变化如何反向影响政策制定,从而全面评估政策与市场动态带来的风险与机遇,为投资决策提供强有力的数据支撑与逻辑依据。通过这一系列举措,乡村振兴基金在复杂多变的政策与市场环境中,持续寻求稳健收益与广阔投资机会。

3.增强资金管理的灵活性与构建流动性缓冲机制

面对政策和市场的频繁变动,乡村振兴基金需构建高度灵活的资金管理体系,以迅速应对各类突发状况。这要求基金实施一系列精心设计的流动性管理策略:首先,设立紧急资金储备池,作为应对政策突变或市场危机的第一道防线,确保在关键时刻拥有充足的流动资金。同时,通过合理配置不同流动性水平的资产,实现资产组合的多元化,既保障投资收益的稳定性,又确保资金能够快速调整以抓住市场机遇。

为提升响应速度,基金应建立快速反应机制,一旦政策或市场环境发生变化,立即启动资金重配流程,将资金迅速导向更具吸引力或风险更低的项目。此外,制定详尽的资金调度计划,明确各投资项目与阶段的资金配置策略,确保资金在不同需求间灵活流转,优化整体资金利用效率。

为进一步强化应变能力,基金需定期实施全面风险评估,精准识别潜在的政策变动风险,并预先制定多样化的风险缓解方案,如采用对冲策略、灵活运用金融衍生工具,以及积极寻求与合作伙伴的风险共担机制。同时,基金应构建高效的市场情报收集与分析体系,实时追踪政策动态、行业趋势及宏观经济指标,并组建由专业分析师组成的情报团队,为基金决策提供精准的数据支持。

保持与投资者的开放沟通,提升基金运作的透明度,是增强投资者信任的关键。基金应定期披露投资决策过程、风险评估结果及资金调配情况,确保投资者能够及时了解基金运营状况。此外,积极拥抱金融科技,利用先进技术手段提升资金管理的效率与安全性,不断探索创新投资工具与方法,以科技赋能基金,增强其在复杂多变市场中的核心竞争力。

4.构建敏捷决策体系与前瞻性情景规划策略

在政策调整和市场波动的背景下,乡村振兴基金迫切需要建立一个快速决策机制,确保能够迅速而有效地做出战略性响应。这一机制的核心包括明确的问题识别流程,能够快速捕捉政策变动对基金投资的影响及其对基金目标和策略的潜在改变。此外,确立清晰的决策授权体系至关重要,它保证了关键决策者在关键时刻能够迅速作出决策。最后,高效的执行程序确保决策一旦制定,执行团队能够立即行动,减少实施过程中的任何延迟。

情景规划作为快速决策机制的补充,为基金管理者提供了一种前瞻性的工具,用以考虑并应对不同的未来情况。通过基于市场趋势和政策预测制定的最佳、最差及最可能情景,基金能够制定并模拟相应的投资策略,评估其有效性和潜在的市场影响。这种策略的灵活性使得基金的投资组合能够根据情景规划的结果进行调整,确保在各种市场条件下保持稳健。为了加强快速决策的能力,基金还需建立一个集成市场情报、风险评估和投资分析的决策支持系统,运用先进的数据分析模型和工具,如蒙特卡洛模拟和决策树分析,为决策者提供准确的信息支持。同时,通过专业培训和模拟演练,提升基金管理团队和决策者的知识和技能,确保他们能够高效应对市场和政策的变动。

5.深化政策影响力构建与强化风险预警机制

面对政策调整与市场波动的双重挑战,乡村振兴基金应积极采取主动策略,不仅需及时响应政策变化,更应深度参与政策的倡导与塑造过程。通过行业协会、专业平台及直接对话政策制定者,基金可主动发声,阐述行业需求,积极争取有利于基金及整个行业的政策环境,从而创造更加稳定、可预期的政策生态,为自身及合作伙伴拓展更广阔的发展空间。这种前瞻性的政策参与和倡导,本质上是一种高级别的风险管理策略,旨在从源头优化政策环境,减少不确定性风险。

同时,构建高效的风险预警系统对于基金管理而言至关重要。该系统需全面覆盖政策变动、市场动态及宏观经济指标等多维度监测指标,确保基金能够第一时间捕捉到潜在的风险信号。通过引入先进的数据分析技术与风险评估模型,基金能够对监测数据进行深度挖掘,精确评估风险的可能性、规模及潜在影响,为决策提供科学依据。

预警机制的设计需具备高度的自动化与智能化,一旦风险指标触及预设阈值,系统应能自动触发警报,确保决策者能够迅速响应,采取必要的风险管理措施。此外,基金还需制定详尽的风险管理计划,明确风险识别、评估、监控及应对的全流程管理规范,提高风险管理的系统性与透明度。

为了进一步提升风险管理效能,基金应加强与投资者及利益相关者的沟通,定期披露风险状况与管理进展,以建立互信机制。同时,充分利用数据分析与政策分析工具,深化对风险本质及政策变化的理解,为基金在复杂多变的市场环境中保持敏锐洞察与强劲竞争力奠定坚实基础。

二、市场风险:农业市场波动对投资回报的影响

(一)市场风险的成因及影响

在乡村振兴基金的投资过程中,市场风险作为不可忽视的外在挑战,其根源复杂多样,对基金运营及投资绩效构成了深远影响。以下是对市场风险成因及其影响的细致剖析。

1.农产品价格波动导致收益减少

农产品价格的波动直接牵动着乡村振兴基金的投资命脉。这种波动深受自然条件、季节性供需规律及市场机制的共同影响。极端气候事件,如霜

冻、干旱等,能瞬间改写农作物产量版图,推高市场价格,影响消费者购买力,进而压缩基金投资收益空间。以苹果产业为例,2018年的春季霜冻灾害导致的减产,直接触发了市场价格飙升,对依赖该产业链的投资项目构成了直接冲击。① 反观2023年,全国农产品生产者价格总水平的下降,尤其是畜产品价格的大幅回落,再次印证了市场价格波动的不可预测性与潜在风险。② 此外,农产品价格的季节性波动更是加剧了投资回报的不稳定性,考验着基金管理者的市场洞察与应变能力。

2.需求不确定性导致销售困难

消费者对农产品的波动背后隐藏着经济、文化、健康观念等多重因素。这种不确定性增加了投资的不稳定性。以非洲猪瘟疫情为例,2019年的疫情暴发迅速改变了猪肉消费格局,需求骤降,价格跳水,给投资于猪肉产业链的基金带来了巨大的打击。③ 同时,随着网络零售的兴起,农产品销售渠道日益多元化,2021年中国农产品网络零售额的激增,便是这一趋势的生动写照。④ 然而,疫情等外部事件的冲击,又让这一趋势变得扑朔迷离,经济增长放缓、消费者行为变化等因素交织在一起,导致部分农产品需求锐减,而健康食品等新兴市场则异军突起。这种需求结构的快速变迁,无疑增加了农业投资回报的不确定性,要求基金管理者必须具备敏锐的市场嗅觉与灵活的调整策略。

---

① 2018年全国苹果冻害调查汇总报告[EB/OL].(2018-12-24)[2024-06-01].https://apple-ipm.hebau.edu.cn/info/1038/2029.htm.
② 2023年农产品加工业经济运行报告[EB/OL].(2024-06-17)[2024-06-17].https://finance.sina.com.cn/tech/roll/2024-06-17/doc-inayyres0485508.shtml.
③ 朱增勇,李梦希,张学彪.非洲猪瘟对中国生猪市场和产业发展影响分析[J].农业工程学报,2019,35(18):205-210.
④ 商务部通报2021年我国网络零售市场、服务外包有关情况并就2021年中俄贸易实现历史性突破等答问[EB/OL].(2022-01-27)[2024-06-01].https://www.gov.cn/xinwen/2022-01/27/content_5670877.htm.

3.产业链中断导致成本增加

农业产业链风险是乡村振兴基金在投资决策中必须审慎考虑的关键因素。这一风险贯穿于从种植、养殖到加工、销售的整个链条。由于产业链的复杂性和延伸性,任何一个环节的故障或效率低下都可能对整个系统的稳定性和盈利能力造成显著影响。产业链中各环节的相互依赖性要求基金管理者对每个环节的潜在风险有深刻理解。例如,种植环节的作物病害或养殖环节的疫情,都可能迅速传播至加工和销售环节,影响整个产业链的运作。

供应链中断风险是农业产业链风险的一个具体表现,尤其在物流和分销环节表现得尤为明显。自然灾害如洪水、干旱,以及政策变动如贸易限制,都可能导致供应链中断,影响农产品的供应和分销。此外,运输成本的上升,例如新冠疫情期间海运运费的暴涨达 10 倍,也直接影响了农产品的采购和出口成本。① 这种供应链中断不仅影响了农产品的市场供应,也增加了投资风险。

4.消费者偏好变化导致市场机会丧失

随着健康饮食和可持续发展理念的普及,消费者对健康食品和环保产品的需求不断增长。如果基金投资的项目未能及时调整生产策略以满足市场需求,就可能错失市场机会。根据百谏方略(DIResaerch)研究统计,全球有机食品市场规模呈现稳步扩张的态势,2023 年全球有机食品市场销售额将达到 8787.5 亿元,预计 2030 年将达到 14002.6 亿元,2023—2030 年复合增长率(CAGR)为 6.88%。② 这种消费者偏好的转变要求基金在投资决策中考虑产品的市场定位和潜在的消费者需求变化。

---

① 运价飙升令下半年出口承压[EB/OL].(2021-07-05)[2024-06-01].http://finance.people.com.cn/n1/2021/0705/c1004-32148453.html.
② 有机食品将持续保持稳健增长趋势[EB/OL].(2024-03-08)[2024-06-01].https://news.sohu.com/a/762859289_679193.

5.项目同质化导致的竞争风险

项目同质化风险是乡村振兴战略推进过程中出现的一种市场现象,随着农业领域对企业的吸引力增强,市场上涌现了大量相似的项目和产品。这种同质化趋势加剧了市场竞争,对基金投资的企业构成了严峻挑战。例如,根据中国农业科学院的报告,近年来农业领域的企业数量年均增长率达到了10%以上,显著增加了市场供给。[①] 激烈的市场竞争往往导致产品价格下降和利润压缩,对企业的市场份额和盈利能力产生负面影响。若基金投资的企业不能通过产品差异化、品牌建设或成本控制等方式维持竞争优势,它们可能会面临市场份额的损失和盈利能力的减弱。

（二）应对策略

为有效抵御市场风险的侵袭,乡村振兴基金应精心策划并实施一系列策略,以确保投资的稳健与可持续发展。

1.采取多元化投资策略

多元化投资不仅是风险分散的有效手段,更是实现收益最大化的重要途径。乡村振兴基金应从三个维度布局：

构建涵盖谷物、蔬菜、水果、畜产品、水产品等多品类的投资组合,通过深入研究各农产品的市场特性与价格波动规律,优选波动性较低或需求稳定的品种进行投资。同时,充分考虑农产品的季节性特征,科学分配投资比例,以平衡季节性供需波动,确保投资组合的整体稳定性。

将投资版图扩展至不同地理区域,包括不同省份、气候区及经济带,以分散地区性风险。通过详尽分析各区域的农业生产条件、政策环境及市场潜力,精准定位具有比较优势的投资区域。同时,加强地方政策监测,以便及时捕捉政策变动信号,灵活调整投资策略,把握市场先机。

---

① 高杨,关仕新,魏广成,等.2023中国新型农业经营主体发展分析报告(一)[N].农民日报,2023-12-27(006).DOI:10.28603/n.cnki.nnmrb.2023.006111.

从农业生产环节延伸至加工、分销及零售等全产业链环节,实现纵向整合。通过投资冷链物流、仓储设施及分销网络,提升供应链的整体效率与抗风险能力。同时,积极探索农产品电商平台与直销渠道等新型市场接入方式,缩短农产品流通链条,加速市场响应速度,增强基金对市场变化的快速适应能力。

2.强化市场研究与情报体系

市场情报与研究是基金制定精准投资策略的基石。乡村振兴基金应致力于构建全面、高效的市场研究体系:

利用先进的数据收集与分析工具,持续跟踪农产品市场的历史数据与实时动态,深入挖掘市场趋势与周期性变化规律。同时,密切关注宏观经济指标对农业市场的影响,为投资决策提供科学依据。

建立消费者偏好监测机制,定期收集并分析消费者需求变化数据,构建精准的需求预测模型。特别关注健康与可持续性消费趋势,以便及时调整投资方向,满足市场需求。

构建竞争情报系统,全面收集并分析竞争对手的市场表现与策略动态。通过学习行业最佳实践,探索合作与联盟机会,不断提升基金的市场竞争力。同时,积极运用在线数据收集工具、高级分析软件及人工智能技术,提升市场分析的效率与精准度。

组建由市场分析师、数据科学家及行业专家构成的专业团队,并定期开展专业培训与交流活动。鼓励团队跨学科合作,与农业科技、经济学及社会学等领域专家携手共进,共同探索市场新机遇,为基金的长远发展提供强大智力支持。

3.风险对冲

在乡村振兴基金的管理实践中,风险对冲策略占据核心地位,尤其是利用期货、期权及互换等衍生工具作为关键风险管理手段。这些工具通过构建精准的投资组合,有效对冲价格波动风险,保障基金资产的安全与稳健增值。具体而言,衍生工具不仅锁定了农产品的未来售价,规避了市场波动带来的潜在损失,还赋予了基金根据市场状况灵活调整策略的能力,优化了资金配置并降低了融资成本,为乡村振兴基金的长期稳健运营奠定了坚实基础。

实施风险对冲策略的首要步骤是清晰识别基金面临的主要市场风险,特别是价格波动风险,这依赖于对市场的深入洞察与趋势把握。随后,依据风险特性与投资目标,精选适宜的衍生工具,全面考量其成本效益、流动性及杠杆效应。构建投资组合时,强调多样性、灵活性与稳健性,以适配多变的市场环境。最后,建立健全的风险管理体系,对衍生工具投资实施严密监控与动态调整,并加强与其他金融机构的协作,共同抵御市场风险,确保乡村振兴基金的安全运行与持续增值。

4.优化供应链管理与智能化升级

在乡村振兴基金的投资版图中,供应链管理作为农产品流通的核心环节,其策略的科学性与先进性对基金投资的成功与否具有决定性影响。为此,基金需采取一系列前瞻性与创新性策略,以打造高效、稳定且智能的供应链体系。

多元化是降低供应链风险的首要策略。基金应实施多源采购战略,与多家供应商建立长期稳定的合作关系,形成供应商网络,减少对单一供应商的依赖,有效防范供应中断风险。同时,灵活采用陆运、海运、空运等多种运输方式,确保在不同情景下均能迅速响应市场需求,提升供应链的灵活性与韧性。此外,制定详尽的备选供应商计划,为应对突发事件提供坚实后盾,保障供应链的连续性与稳定性。

库存管理的优化直接关系到基金的财务健康与市场响应能力。基金需根据市场需求波动与供应周期变化,科学设定安全库存水平,平衡缺货风险与库存成本。通过定期监控库存周转率,实施库存优化策略,减少资金占用与存储费用,提升资金使用效率。引入先进的库存管理系统,如实时库存追踪与智能补货机制,实现库存管理的精准化与自动化,进一步提升供应链的响应速度与管理效能。

技术是推动供应链管理智能化的关键力量。基金应整合企业资源规划（ERP）与供应链管理（SCM）系统，实现数据实时共享与流程自动化，提升供应链整体运作效率。运用区块链技术增强供应链透明度，记录产品全生命周期信息，不仅强化消费者信任，还提升供应链的可追溯性与安全性。物联网（IoT）技术的深入应用，如温湿度实时监控与货物全程追踪，为供应链提供精准数据支持，助力决策优化与风险预警。

供应链风险管理是保障基金稳健运营的重要一环。基金需定期开展供应链风险评估，识别潜在风险点与脆弱环节，制定针对性应对措施。通过建立风险分担机制与明确合同条款，减轻基金在供应链中断时的压力。同时，深化与合作伙伴的长期稳定关系，定期评估供应商绩效，促进供应链各方的协同合作，共同提升供应链的响应速度与市场适应能力，为乡村振兴基金的投资之路保驾护航。

5.战略创新与持续优化

乡村振兴基金应坚持战略创新，以全局视角不断优化投资策略与市场布局。通过构建前瞻性的市场洞察体系，基金需持续追踪行业动态，把握未来趋势，为投资决策提供科学依据。同时，强化顶层设计与战略规划，确保基金发展路径与乡村振兴大局相契合，实现长期可持续发展。

在战略执行层面，基金应深化创新驱动，鼓励内部创新与外部合作并举。内部方面，加强研发团队建设，提升自主创新能力，推动产品与服务持续升级；外部方面，积极寻求与高校、科研机构及行业领先企业的合作机会，共同探索新技术、新模式的应用，拓宽基金的发展边界。

此外，基金还应建立灵活高效的策略调整机制，根据市场反馈与绩效评估结果，及时调整投资策略与资源配置，确保基金始终保持市场敏感度和竞争力。通过持续优化投资组合、强化风险管理、提升运营效率等多维度努力，推动乡村振兴基金实现高质量发展。

三、社会风险：乡村社会结构变化对项目实施的影响

在乡村振兴战略的推进过程中，乡村社会结构的深刻变化成为影响项目实施效果的关键因素之一。社会风险，作为这一背景下不可忽视的挑战，直接关联到乡村振兴基金项目的顺利实施与成效达成。

（一）社会风险的成因及影响

1.人口流动

随着城市化进程的迅猛推进，中国正经历着显著的人口流动现象。第七次全国人口普查数据显示，截至2020年，城镇人口占比已攀升至63.89%，相较于2010年，城镇化率大幅提升了14.21个百分点，远超前期增长速度[①]。这一人口流动趋势，主要表现为乡村向城市的单向迁移，乡村常住人口因此缩减至36.11%，反映出大规模青壮年劳动力的外流。此现象不仅重构了城乡人口结构，也对乡村经济发展、农业生产效率及乡村振兴策略的实施带来了深远影响，特别是在劳动力密集型领域和偏远乡村的基础设施建设项目中，劳动力短缺已成为制约发展的瓶颈。

2.文化差异

乡村地区文化多样性显著，不同地区与社区间的文化差异在项目实施中尤为关键。这种差异可能导致对项目理念、目标及实施方式的理解与接受度产生分歧，若项目设计忽视当地文化习俗与居民需求，则易激起误解与抵触，加剧沟通协调难度。实例表明，如某乡村旅游开发项目因未妥善保护传承当地民俗文化，而遭遇当地居民反对，社会接受度与实施效果均受负面

---

① 国家统计局.第七次全国人口普查公报（第七号）[R/OL].(2021-05-11)[2024-02-11].https://www.stats.gov.cn/sj/tjgb/rkpcgb/qgrkpcgb/202302/t20230206_1902007.html.

影响。① 因此,在乡村振兴项目推进中,必须高度重视并充分尊重地区间的文化差异,以确保项目顺利实施并获得广泛社会认同。

3.土地权益分配

土地作为乡村社会不可或缺的核心资源,其权益的公正分配直接关系到农民的切身利益与乡村振兴项目的顺利推进。在项目实施过程中,土地权益的不均衡分配或争议频繁成为触发社会冲突的敏感点。若未能妥善解决土地征用、补偿等关键问题,极易导致农民权益受损,进而激起群体性事件与社会冲突,严重干扰项目稳定性与持续性,同时对乡村社会的和谐稳定构成潜在威胁。某乡村产业振兴项目因土地征用补偿标准偏低且分配不均,直接触发了村民的集体上访与抗议浪潮,最终迫使项目不得不暂停实施。② 因此,确保土地权益的公平合理分配,及时化解相关争议,是保障乡村振兴项目顺利实施、维护农村社会稳定的关键所在。

(二)风险表现

1.项目延期风险

由于劳动力短缺和社会冲突等因素的影响,乡村振兴基金项目在实施过程中可能面临延期风险。劳动力短缺导致项目建设进度缓慢,而社会冲突则可能使项目中断或暂停。这种延期现象不仅增加了项目的时间成本,还可能影响项目的整体规划和实施效果。以某乡村道路建设项目为例,该项目在实施过程中遭遇了劳动力短缺与社会矛盾的双重打击。一方面,乡村劳动力的外流使得项目在关键施工期面临人手不足的问题,导致建设进度严重滞后;另一方面,项目在土地征用、补偿安置等方面未能妥善处理好与当地居民的关系,引发了村民的集体不满与抗议活动。这两方面因素相

---

① 辛允星.乡村民俗旅游开发的"文化公共性"问题[EB/OL].(2024-04-30)[2024-06-01]. https://www.cssn.cn/skgz/bwyc/202404/t20240430_5748841.shtml.
② 农村集体土地被征收后,土地补偿费如何分配?法院判了[EB/OL].(2023-06-26)[2024-06-01].https://www.thepaper.cn/newsDetail_forward_23630136.

互交织,导致项目多次延期,最终耗时近一年才得以完成。这一案例深刻揭示了项目延期风险的多重成因及其对项目实施的严重影响。

2.成本增加风险

在乡村振兴项目的实施过程中,多重挑战共同作用于项目成本,显著影响其经济效益。首先,劳动力短缺迫使项目方提高工资以吸引劳动力,此举虽缓解用工难题,却直接导致人工成本攀升,加之设备投入增加与工作时间延长等措施,进一步推高了项目成本。其次,土地权益分配作为项目核心,其争议频发,项目方需投入大量资源沟通协调并调整补偿标准,这些额外成本无疑加重了项目负担。再者,社会冲突,尤其是围绕土地权益、项目影响的群体性事件,对项目构成了直接威胁,迫使项目方增加协调资源以平息冲突,包括危机公关、政府社区沟通合作及法律援助等,这些直接和间接的协调成本均对项目总成本产生了显著影响。

3.土地权益争议引发的社会冲突风险

乡村振兴战略实施过程中,土地权益争议引发的社会冲突成为一大障碍。作为农村核心生产资料的土地,其权益分配备受农民关注。乡村振兴项目中的土地征用、流转等涉及多方利益调整,处理不当易激发冲突。农民对土地怀有深厚的情感与经济依赖,一旦其权益受损,将引发强烈的不满情绪。社会冲突一旦爆发,其影响深远且广泛。首先,冲突直接干扰了项目的正常实施,导致项目进度受阻,甚至被迫暂停。这不仅延误了乡村振兴的进程,也损害了项目的社会形象和实施效果。其次,冲突还可能引发更广泛的社会不满情绪,影响乡村社会的和谐稳定。居民之间的信任关系受到破坏,社区氛围趋于紧张,不利于乡村振兴战略的长期推进。

(三)应对策略

为了有效应对乡村振兴项目中可能遇到的社会风险,乡村振兴基金可以采取以下三类策略。

1.预防与评估策略

在乡村振兴项目启动之前,应开展全面而深入的社会影响评估工作。这一过程需系统性地识别项目可能引发的各类潜在社会风险因素,包括但不限于土地权益争议、社区不满情绪以及文化冲突等。基于评估结果,制定具有前瞻性和科学性的预防和缓解措施,旨在最小化社会风险的发生概率及其可能带来的负面影响。此策略为项目决策提供坚实的数据支持,确保项目从规划阶段就具备应对社会风险的能力。

2.参与与沟通策略

提升项目社区适应性与可接受度的关键在于确保乡村振兴项目的规划与实施过程中能充分吸纳社区意见。基金可通过组织定期的社区会议、开展广泛的民意调查以及建立社区咨询委员会等机制,促进社区居民的广泛参与,确保项目设计能够紧密贴合实际需求,并反映社区的共同愿景。此外,建立高效、透明的沟通与协调机制,加强与地方政府、社区领袖及普通居民的沟通,确保信息流通的顺畅与准确。通过定期召开协调会议、建立有效的信息反馈机制以及开展公众宣传教育活动,及时回应社区关切,解决潜在矛盾,促进各方之间的深入理解与合作。此策略有助于构建和谐的社会关系网络,为项目顺利实施创造良好的外部环境。

3.适应与调整策略

面对复杂多变的乡村社会环境,乡村振兴项目需展现出高度的灵活性与适应性。项目团队应密切关注社会结构的变化与社区的实时反馈,根据实际情况灵活调整项目计划。调整内容可能包括项目实施时序的优化、资源配置的合理化以及技术方案的改进等。基金通过动态管理与持续改进,确保项目能够适应外部环境的变化,有效应对潜在的社会风险,最终实现既定目标。同时,针对已发生的社会冲突,应建立专门的冲突解决机制,如设立冲突调解小组、明确冲突解决流程并引入第三方仲裁等,以迅速、公正地处理冲突事件。冲突解决后,注重反思与总结,不断完善预防机制,避免类似冲突再次发生。此外,充分利用法律与政策工具,加强与政府部门的沟通协调,争取政策倾斜与资源支持,完善相关法律法规体系,为乡村振兴项目的顺利实施提供坚实的法治与政策保障。

四、技术风险:农业技术更新换代对投资决策的影响

在乡村振兴战略的框架下,技术风险是影响投资决策的关键因素之一,它紧密关系着农业技术的快速发展与不断迭代。

(一)技术风险的成因及影响

1.技术迭代迅速导致的过时风险

随着物联网、大数据、人工智能等前沿科技的飞速发展,农业领域正经历着前所未有的技术革命。这场革命不仅推动了农业生产的智能化、精准化转型,也加速了传统农业技术的淘汰进程。传统机械耕作方式在智能农机装备面前显得力不从心,效率与精准度的双重缺失,直接削弱了投资项目的市场竞争力。更为严峻的是,技术过时还可能引发消费者需求与市场需求的脱节,导致投资项目在品质与市场份额上的双重损失。

2.研发投资的不确定性

新技术的研发是一项高风险、高投入的活动。农业技术的研发尤其如此,其周期长、成本高且成功率难以预测。以生物育种技术为例,尽管其潜力巨大,能够培育出具有抗病、抗旱、高产等优良性状的作物新品种,但其研发过程往往需要数年甚至数十年的时间,且需要大量的人力、物力和财力投入。更为关键的是,研发结果具有不确定性,即使投入巨大也可能无法获得预期成果。这种不确定性极大地增加了投资决策的难度和风险。

3.新技术采纳面临的多重障碍

新技术的推广与应用并非易事,其面临着来自农民接受度、技能水平等

多方面的挑战。农民作为农业生产的主体,其对新技术的认知与接受程度直接影响着技术的推广效果。然而,由于受教育程度、使用习惯等因素的限制,农民对新技术的接受度往往较低。同时,新技术的使用往往需要较高的技能水平作为支撑,而农村地区的劳动力素质普遍偏低,缺乏掌握新技术的专业人才。这些因素共同构成了新技术采纳的障碍,可能导致新技术在实际应用中难以达到预期效果,进而影响投资回报。

4.信息不对称

在信息快速流通的时代背景下,技术领域的信息不对称问题却愈发凸显。新技术往往掌握在少数科研机构或企业手中,而投资者在全面、准确的技术信息方面面临诸多困难。这种信息不对称不仅可能导致投资者在决策过程中做出错误的判断,将资金投入到不具备竞争力或前景黯淡的技术领域;还可能引发市场炒作与误导行为,进一步加剧投资风险。

5.资金投入压力

农业技术的更新换代离不开大量资金的支撑。从研发到设备购置再到人才培养等各个环节,都需要巨额资金的投入。对于资金实力较弱的投资者而言,这种资金投入压力无疑是一道难以逾越的鸿沟。他们需要在确保自身财务状况稳健的同时,还要在有限的资金范围内做出最优化的投资决策以实现最大化收益。这种双重压力往往使得投资者在面对技术更新换代的挑战时显得力不从心。

(二)风险表现

1.投资回报下滑

技术迭代使得传统技术项目在市场竞争中逐渐失去优势地位,导致投资回报显著下滑。以智能滴灌技术为例,其普及使得传统灌溉农场在水资源利用效率和成本控制方面面临巨大挑战。研究表明,相较于传统灌溉方式,采用智能滴灌技术的农场在水分利用率上可提高 30% 以上,并显著减少人力和电力成本。因此,投资于传统灌溉技术的农场在面对智能滴灌技术的竞争时往往难以维持原有的市场份额和盈利能力,导致投资回报率显著下滑。

2.研发成本增加

新技术的研发往往伴随着高昂的成本投入和不确定的效益产出。以生物育种技术为例,其研发周期长、投入大且成功率难以预测,导致投资者在评估该项目时面临巨大的不确定性风险。据一项针对生物育种技术研发成本的调研显示,该技术的平均研发成本约为传统育种技术的5倍以上,且成功率仅为10%左右。这种高昂的研发成本和不确定的效益产出使得投资者在决策时需格外谨慎,以避免因研发成本超支或效益未达预期而遭受重大损失。

3.市场竞争力减弱

新技术在乡村地区的推广和应用往往受到基础设施不完善、农民接受度低等因素的限制,导致应用效果不佳进而影响投资回报。以无人机喷洒农药技术为例,尽管该技术具有高效、精准的优势,但在乡村地区的实际应用中却遭遇了电网不稳定导致无人机无法持续作业、农民对新技术缺乏信任和操作技能等诸多挑战。这些因素共同作用下使得无人机喷洒农药技术的实际应用效果大打折扣进而影响投资回报。一项针对无人机喷洒农药技术在乡村地区应用效果的调研指出,约有40%的试点项目因上述原因未能达到预期效果。

4.决策失误

信息不对称是导致投资者做出错误决策的重要原因之一。在技术更新换代过程中投资者若无法获取全面、准确的技术信息则可能因盲目跟风或误判市场趋势而做出错误投资决策。例如,某些新技术可能尚处于研发阶段或尚未经过充分验证,但其宣传资料却过度夸大其效果和应用前景,从而误导投资者做出投资决策。据一项针对农业技术投资项目失败原因的调研显示约有25%的项目失败是由于信息不对称导致的决策失误所致。

5.市场竞争加剧与份额缩减

随着农业技术的不断进步和普及市场竞争将变得更加激烈。技术落后项目在面对新技术竞争时往往难以维持原有的市场份额和盈利能力进而面临被市场淘汰的风险。以传统农机制造企业为例,随着智能农机装备的兴起,该企业在市场竞争中逐渐失去优势地位,市场份额不断缩减。据一项针对智能农机与传统农机市场份额变化的调研显示,过去五年间智能农机市场份额增长了近50%,而传统农机市场份额则相应缩减了约30%。这种市场竞争加剧与份额缩减的风险直接威胁到投资者的长期利益。

(三)应对策略

1.持续跟踪与交流合作

为有效应对技术风险并把握农业技术的最新发展动态,企业应首先建立专门的技术监测团队,该团队负责定期搜集并分析新技术研发进展、市场应用案例及政策导向变化等信息,通过系统监测与分析,为投资决策提供前瞻性的参考。同时,强化与科研机构、高校及行业专家的合作亦不可或缺,通过深入交流、协同研发及成果共享,企业不仅能确保获取前沿技术信息,还能在技术评估与问题解决上获得专业支持,进而奠定坚实的投资决策基础,并有效降低技术风险。

2.优化研发投资策略

企业应严格评估项目的创新性、市场潜力及可行性,深入分析市场需求、竞争格局与技术成熟度,以确保投资项目具备高成功率和回报潜力,避免盲目投资带来的技术风险。鉴于农业技术研发周期长且投入大,实施分阶段投资策略尤为关键,根据项目进展灵活调整投资规模,以有效控制成本并降低整体投资风险。同时,建立风险共担机制,与科研机构、企业等合作方共同分担研发成本与分享成果收益,不仅能增强项目的抗风险能力,还能促进多方紧密合作,提升整体研发效率与水平。

3.推广培训与基础设施建设

为克服农民对新技术接受度低、技能不足等障碍,企业应主动组织新技术推广培训,采用现场演示、操作指导和案例分享等多元化方式,提升农民对新技术的认知与操作技能。同时,加强宣传引导,增强农民对新技术重要性的认识,激发其应用热情。此外,企业还应充分利用政府补贴、税收优惠等政策激励措施,降低新技术应用门槛,提高农民采用新技术的积极性。并积极争取政府支持,加强电网、通信网络等基础设施建设,为新技术在农业领域的广泛应用提供坚实保障。

4.信息共享与融资拓展

为应对农业技术领域的信息不对称问题,企业应积极构建农业技术信息共享平台,整合科研机构、企业、投资者等资源,实现技术信息的透明化,同时加强宣传资料审核,防止误导投资者。此平台旨在降低信息获取成本,促进各方交流合作,共同抵御技术风险。此外,针对农业技术更新所需巨额资金,企业应探索多元化融资渠道,如政府引导基金、PPP 模式等,确保资金稳定供应并降低融资成本。加强与金融机构合作,争取优惠贷款政策,也是降低融资风险的重要策略。最终,鼓励企业增强自身积累,提升抗风险能力,是解决融资难题的根本之道。

第二节 乡村振兴基金风险的复杂性

随着乡村振兴战略的深入实施,乡村振兴基金作为关键的资金支持力量,其运作过程中不可避免地面临着多维度、多层次的风险挑战。这些风险不仅各自独立存在,更通过复杂的交织与传导机制相互作用,构成了乡村振兴基金风险管理的独特复杂性。本节将从风险因素的相互关联性、跨区域风险的多样性、长期投资与短期效益的平衡,及风险管理的多层次性和跨部门性四个方面进行深入剖析。

一、风险因素的相互关联性

乡村振兴基金运作中的各类风险并非孤立事件,而是紧密交织、相互影响的动态系统。这一特性显著增加了基金管理的难度和不确定性,要求管理者具备全面的风险洞察和应对能力。

(一)风险交织与传导

1.政策风险与市场风险的交织

政策风险是乡村振兴基金面临的首要外部风险。国家政策的调整不仅直接影响农业企业的经营环境,还通过市场机制传导至乡村振兴基金的投资组合。例如,农业补贴政策的减少会增加农业企业的生产成本,进而影响农产品价格,引发市场波动。这种波动通过产业链传导至基金层面,增加其投资的不确定性。此外,贸易政策的调整,如关税变动或市场准入标准的提高,也可能影响国内外农产品市场的供需关系,进一步加剧市场风险。

2.社会风险与技术风险的交织

在乡村振兴的宏伟蓝图中,乡村社会结构的深刻变化与人口流动的加剧,共同编织了一幅复杂的社会图景。这一转型不仅加剧了劳动力短缺的困境,使得项目实施面临前所未有的难度,还间接限制了前沿科技在乡村沃土的发展。物联网、大数据、人工智能等现代技术的日新月异,虽为农业发展带来了无限可能,但乡村地区劳动力素质的不均衡、基础设施的滞后,却成为新技术推广应用的隐形障碍。技术风险与社会风险的深度交织,要求乡村振兴基金在投资布局时,必须深入剖析项目实施地的社会肌理,精准把握社会接受度,确保技术革新与社会发展的和谐共生。

3.政策风险与社会风险的相互影响

政策的制定与执行的透明度、公平性与有效性直接关系到乡村社会的稳定发展。任何政策的不透明或执行偏差,都可能引发社会的不满与抵触,为乡村振兴项目平添社会阻力。与此同时,政策的动态调整,如户籍制度的深化改革、城乡融合发展战略的推进,正悄然重塑乡村社会的面貌,带来一系列新的社会议题与需求。这些变化对乡村振兴基金而言,既是机遇也是挑战,要求基金管理者在决策过程中,不仅要具备敏锐的政策洞察力,更要深刻理解社会动态,确保项目既能顺应政策导向,又能满足社会需求,实现多方共赢。

(二)多维度风险

乡村振兴基金在运作过程中所面临的风险并非孤立存在,而是相互交织、彼此影响,构成了一个错综复杂的风险网络。一种风险的发生往往通过传导机制触发其他风险的连锁反应,增加了基金管理的难度和挑战。具体而言,政策风险的每一次微调都可能通过市场需求、供给与价格机制的传导,引发市场风险的连锁反应,使得投资环境充满不确定性。市场风险则以价格波动、需求波动及供应链脆弱性等形式,直接冲击基金的投资回报预期。社会风险则通过劳动力市场的紧张、文化差异的碰撞及土地权益的纷争,间接影响项目的顺利实施。而技术风险,作为创新路上的试金石,其不确定性不仅体现在新技术的研发与应用过程中,还体现在传统技术项目因竞争力下降而面临的淘汰风险上。

这种多维度风险的传导机制要求乡村振兴基金在运作过程中必须具备全面的风险管理能力和跨学科的知识储备。基金管理者需要密切关注政策动态和市场变化,及时评估各类风险对基金投资回报的影响,并制定相应的风险管理策略和应对措施。同时,基金管理者还需要加强与社区和居民的沟通与协调,积极应对社会风险和文化差异带来的挑战;加强技术研发和应用能力的建设,提高对新技术的接受度和应用能力;建立完善的供应链管理体系和风险管理机制,确保项目的顺利实施和可持续发展。

二、跨区域风险的多样性

乡村振兴基金的跨区域投资是其实现资本有效配置、推动区域均衡发展的重要途径。然而,不同地区的乡村发展基础、资源禀赋、政策环境等因素的显著差异,使得基金在跨区域投资过程中面临的风险呈现出多样性的特点。这种多样性不仅加剧基金管理的复杂性,也对基金管理者的协调能力和市场洞察力提出了更高要求。

(一)地域差异性

地域差异性是乡村振兴基金跨区域投资面临的首要挑战。中国地域辽阔,乡村地区的发展水平、产业结构、自然条件等千差万别,这些因素直接影响了基金在不同区域的投资策略和风险特征。

1.区域发展基础的多样性考量

在布局投资项目时,乡村振兴基金需深入洞察并理解不同地区乡村发展基础的显著差异。东部地区,得益于改革开放的先行优势,经济基础坚实,乡村工业化、城镇化步伐稳健,农业产业亦展现出较强的竞争力与现代化水平。因此,在此类区域,基金的投资重点自然倾向于农业科技的前沿探索、农村电商的创新实践等新兴领域,旨在进一步激发乡村经济的活力与潜力。

相比之下,中西部地区的乡村经济基础较为薄弱,农业依然是经济的重要支柱,但同时也面临着技术滞后、生产效率不高等挑战。针对这一现状,乡村振兴基金的投资策略需更侧重于基础设施建设的完善、农业技术的改造升级等传统领域,以夯实乡村发展的根基,逐步缩小与东部地区的差距。

2.资源禀赋的差异化布局

资源禀赋作为乡村地区发展的基石,其多样性对乡村振兴基金的投资决策具有深远影响。东北平原以其得天独厚的黑土地与充沛水资源,成为现代农业发展的沃土,基金在此区域的投资自然聚焦于粮食生产的规模化、现代化,以及现代农业装备的高效应用,力求实现农业生产效益的最大化。

而在西南地区,复杂的地形与多变的气候条件赋予了该地区发展特色农业与生态农业的天然优势。乡村振兴基金在此的投资方向则更加侧重于特色农产品的种植、加工与销售,以及生态环保技术的推广与应用,旨在挖掘并放大区域特色资源价值,促进乡村经济的多元化发展。

3.政策环境的区域化应对策略

政策环境作为影响乡村振兴基金投资决策的重要因素,其地区间的差异显著。东部沿海地区凭借强大的经济实力与财政支持,为乡村振兴提供了宽松的政策环境与丰富的资源保障,但随之而来的也是激烈的市场竞争与高昂的运营成本。在此背景下,基金需精准把握政策导向,灵活运用政策优惠与资金支持,同时不断提升自身竞争力,以应对市场挑战。

相比之下,中西部地区虽经济基础相对薄弱,但政府为推动区域均衡发展,往往推出更为优惠的招商引资政策,为乡村振兴基金开辟了广阔的投资空间与较低的进入门槛。然而,这些地区也面临着基础设施不足、市场环境不成熟等挑战。因此,基金在投资时需充分评估风险,制定针对性的风险管理策略,确保投资项目的顺利实施与可持续发展。

(二)区域协调挑战

跨区域投资不仅要求乡村振兴基金具备全面的风险管理能力,还要求基金管理者具备较高的协调能力和市场洞察力,以应对不同地区的风险特性,确保投资决策的针对性和有效性。

1.信息不对称的挑战

在跨区域投资过程中,信息不对称是一个普遍存在的问题。基金管理者往往难以全面掌握不同地区的乡村发展状况、市场需求和政策环境等信息,导致投资决策可能存在偏差。为了克服这一挑战,基金管理者需要加强与地方政府、行业协会、科研机构等外部机构的沟通与合作,建立信息共享机制,获取全面、准确的信息支持。

2.协调成本的挑战

跨区域投资涉及多个利益相关方,包括地方政府、农户、合作社、企业等。这些利益相关方之间的利益诉求和合作关系复杂多样,需要基金管理者进行大量的协调工作。协调成本的高昂不仅增加了基金的投资负担,还可能影响项目的推进速度和实施效果。基金可通过加强与地方政府合作、建立利益共同体机制、提高团队协作效率等措施降低协调成本。

3.市场适应性的挑战

不同地区的市场环境、消费习惯和竞争格局存在差异,要求乡村振兴基金在跨区域投资过程中必须具备高度的市场适应性。基金需具备敏锐的市场洞察力和判断力,及时调整投资策略和项目方案。加强市场调研、建立灵活的投资组合和退出机制、与当地企业合作等措施有助于提升市场适应性。

三、长期投资与短期效益的平衡问题

乡村振兴项目往往具有显著的长周期性,其投资回报往往需要较长时间才能显现,这与资本市场普遍追求的短期收益目标形成了鲜明对比。因此,基金管理者需要在确保项目长期可持续发展的同时,合理管理投资者的短期收益预期,以维护基金的稳定运作和市场信誉。

(一)投资周期差异

乡村振兴项目投资周期长,其深层次的原因主要源于农业生产的自然约束和农村基础设施建设的复杂性。农业生产受到气候条件、土壤肥力、作物生长周期等自然环境的严格约束,这些不可控因素要求项目在设计之初就充分考虑到相应的适应性和弹性。例如,某地区因连年干旱导致作物减产,直接影响了相关农业投资项目的收益周期,延长了整体回报时间。

农村基础设施建设作为乡村振兴的基石,其完善过程往往更为漫长。道路、桥梁、水利灌溉系统、电网等基础设施的建设,不仅工程量大且复杂,需要跨部门、跨领域的协同合作,这进一步拉长了项目的投资周期。例如,某乡村水利灌溉系统改造项目,由于涉及土地征用、环保评估、资金筹集等多个环节,从规划到实施完成历经三年之久。[①]

农村社会经济的变革也是一个渐进的过程,涉及人口结构、产业结构、居民生活水平等多个维度的提升。这些变革不可能一蹴而就,而是需要在长期的实践中逐步积累和实现。因此,乡村振兴项目必须着眼于长远,制定可持续的发展战略,以应对这种长期性的投资挑战。

同时,资本市场上的投资者往往更加关注短期效益,追求快速回报。这种投资偏好与乡村振兴项目的长周期特性存在天然矛盾。面对这一现实,基金管理者需要采取多种策略来平衡长期投资与短期回报的矛盾。一方面,通过加强与投资者的沟通,明确项目的长期愿景和潜在价值,增强投资者的信心和耐心;另一方面,通过分阶段实施项目、设置合理的里程碑和阶段性目标,及时展示项目进展和成果,以部分短期收益来稳定投资者情绪。同时,基金管理者还需具备敏锐的市场洞察力,灵活调整投资策略,抓住市场机遇,为项目创造更多的价值增长点。

(二)可持续投入与收益优化的策略路径

乡村振兴项目的深远影响力与长期可持续发展,离不开持续、高效且精

---

① 元谋县水务局对县十七届人大四次会议第 055 号建议(议案转建议)的答复[EB/OL].(2023-06-26)[2024-06-01].http://www.yncxym.gov.cn/info/egovinfo/1007/overt_centent/115323280151775 03N-/2019-0919050.htm.

准的资金与资源投入策略。这一策略不仅涵盖项目启动阶段的基础设施夯实与设备配备，更需贯穿于项目运营的每一个细微环节，形成动态循环的支撑体系。以农业产业园区为例，作为乡村振兴的核心引擎，其运营过程中必须紧跟时代步伐，持续进行设备迭代、技术革新与人才培育，确保在激烈的市场竞争中保持领先。智能农业技术的蓬勃兴起，如智能滴灌系统对传统灌溉模式的替代，便是这一需求的生动体现，要求园区管理者具备前瞻视野，适时投入资源以拥抱变革。

然而，持续投入绝非盲目扩张或成本无度的堆砌。基金管理者需秉持审慎原则，在项目规划与投资决策的每一个环节，精细考量资金使用的效率与预期收益，科学编制预算与资金使用计划。通过对市场趋势的敏锐洞察与项目未来的精准预测，制定出既稳健又具前瞻性的投资策略，确保每一分投入都能转化为实实在在的成长动力。

同时，构建灵活多样的收益分配机制，是维系投资者信心与项目生命力的关键。基金管理者应深入了解投资者的风险偏好与收益预期，量身定制分配方案，既保障投资者的合理回报，又激发其对项目的长期支持与信任。这种共赢机制有助于形成良性的投资生态，为项目的可持续发展奠定坚实基础。

为进一步提升项目的盈利能力与收益水平，基金管理者还应勇于探索创新路径，开辟新的收益增长点。这包括但不限于：通过多元化市场策略拓宽销售渠道，强化品牌建设以提升产品附加值；积极引入社会资本，运用金融创新工具拓宽融资渠道并降低融资成本；推动农村产业升级与经济发展，实现项目经济效益与社会效益的双赢。这些举措不仅能够有效提升项目的综合竞争力，更为乡村振兴事业注入源源不断的活力与希望。

四、风险管理的多层次性和跨部门性

在乡村振兴基金的管理实践中,风险管理的多维度协同与基金的核心理念和目标深度融合,是实现基金稳健运营和持续发展的关键所在。这种融合不仅要求基金在内部建立科学、高效的风险管理体系,还需积极与外部相关方合作,共同构建一个多维度、全链条的风险防控网络。

(一)多层次风险管理

1.项目选择与优化

乡村振兴基金在项目选择阶段,需紧密围绕乡村发展的核心需求和潜力进行。基金不仅要考虑项目的产业带动力、技术创新能力、社会效益等因素,还需特别关注项目的环境友好性和可持续性。通过科学严谨的项目评估体系,基金能够筛选出既符合投资策略又能有效推动乡村振兴的高质量项目。这样的项目选择不仅能够降低投资风险,还能为基金带来稳定的回报。

2.投资决策与风险控制

在投资决策的关键时刻,乡村振兴基金需秉持严谨态度,对项目的投资规模、结构布局、预期回报及风险承受能力进行全面而深入的剖析。通过引入由行业专家组成的评审团,运用其专业知识与丰富经验,为投资决策提供科学、前瞻性的建议,确保每一步决策都基于充分的市场调研与数据分析。同时,构建高效预警系统,对潜在风险进行全天候监控与预警,为投资决策保驾护航,避免盲目跟风与冲动行为,确保基金稳健前行。

3.运营管理与风险应对

项目进入实施阶段后,基金需进一步强化与项目方的紧密合作,通过建立健全的沟通机制与协作流程,确保项目按计划稳步推进。依托先进的项目监控系统,实现对项目运营状况的实时追踪与数据分析,及时发现潜在风险并迅速响应,制定针对性应对措施。此外,基金还需兼顾项目的经济、社会与环境效益,确保乡村振兴事业在可持续发展的轨道上稳健前行。这种精细化的运营管理与高效的风险应对机制,彰显了基金对项目的高度责任感与使命感。

4.退出机制与风险规避

在退出阶段,乡村振兴基金需根据市场变化与项目实际情况,灵活选择IPO上市、股权转让、回购等多种退出方式,以实现资本的最大化增值。通过与项目方建立稳固的合作关系,明确退出条件与时间表,确保退出过程的有序进行。同时,密切关注政策动态与市场风向,及时调整退出策略以规避潜在风险。这种灵活的退出机制与智慧的风险规避策略,为基金构建了良性的资本循环体系,助力其在乡村振兴事业中持续贡献力量。

(二)跨部门协作的深度整合

1.内部协作与风险共治

乡村振兴基金内部各部门需打破壁垒,构建紧密无间的协同机制,共同绘制风险管理的蓝图。投资、风险、法务、财务等部门需携手并进,通过定期召开跨部门会议、搭建信息共享平台等方式,促进知识与资源的流通与整合,形成风险共治的强大合力。这种内部协同机制有助于基金内部形成统一的风险管理文化与行动纲领,为乡村振兴事业的稳健推进奠定坚实基础。

2.外部合作与资源共享

基金需积极拓宽视野,与政府、行业协会、科研机构等外部伙伴建立广泛的合作关系,共同编织乡村振兴的风险防护网。政府作为政策制定者与实施者,可为基金提供政策导向与信息支持;行业协会则凭借其在行业内的广泛影响力与深厚资源积累,为基金提供市场分析、信息交流等服务;科研机构则以其强大的研发能力与人才储备,为基金提供技术革新与人才培养的强劲动力。通过外部联动与资源共享，基金不仅能够更好地把握市场脉搏、降低投资风险，还能推动乡村振兴战略的深入实施与广泛传播。

第三节　乡村振兴基金风险识别与评估

乡村振兴基金的风险管理面临着独特的挑战，这些挑战源于乡村地区的特定环境、经济结构以及政策导向。因此，在识别与评估乡村振兴基金的风险时，必须充分考虑其特殊性和复杂性。以下将深入探讨定性与定量风险评估方法，并结合乡村振兴基金风险的特殊性进行分析。

一、风险评估面临的挑战

在乡村振兴基金的风险评估实践中，评估者面临着多重挑战，这些挑战不仅来源于乡村地区特有的经济、社会、环境等复杂因素，还涉及数据资源的稀缺与质量问题。准确识别并有效应对这些挑战，对于确保风险评估的准确性和时效性至关重要。

(一)动态变化性：风险评估的动态调整需求

1.经济环境的动态适应

乡村地区的经济发展往往受到国家政策、市场需求、产业结构调整等多重因素的影响，表现出显著的波动性。惠农政策的密集出台为乡村经济注入了强劲动力，但其效应并非一成不变，而是随着市场环境的微妙变化而起伏不定。农产品价格的季节性波动、新兴产业的崛起与更迭，影响着乡村经济的稳健前行。因此，在评估乡村振兴基金的经济风险时，基金管理者必须具备敏锐的洞察力,紧跟经济脉搏,动态调整风险评估模型,确保策略的有效性与前瞻性。

2.社会结构的动态洞察与应对

与此同时,乡村社会结构的动态变化同样不容忽视。随着城镇化浪潮的推进,农村青年劳动力的外流加剧了乡村社会的老龄化问题,而价值观念与生活方式的变迁则悄然改变着乡村的风貌。这些变化不仅影响着乡村振兴项目的社会接受度与参与度,还可能引发社区内部的利益冲突与矛盾激化,为项目推进平添不确定性。因此,在社会风险评估环节,基金管理者需要深入洞察乡村社会的细微变化,建立快速响应机制,及时调整风险管理策略,确保项目能够顺应社会趋势,实现和谐共生。

3.环境层面的动态变化

乡村地区的环境状况同样处于不断变化之中。一方面,随着农业生产规模的扩大和强度的增加,土地退化、水资源污染等环境问题日益凸显;另一方面,乡村旅游业的发展也可能对当地生态环境造成一定影响。此外,自然灾害如洪水、干旱等的发生频率和强度也在不断变化,给乡村地区的生产和生活带来巨大挑战。因此,在环境风险评估中,必须充分考虑这些动态变化因素,制定有效的环境保护和应对措施。

(二)数据获取难度大:提升数据质量与获取效率

1.数据资源匮乏与质量问题

数据是风险评估的基础。然而,乡村地区的数据资源相对匮乏且质量参差不齐,给风险评估带来了巨大挑战。一方面,由于乡村地区信息化水平相对较低,数据采集和整理难度较大;另一方面,现有数据往往存在缺失、错误或不一致等问题,难以直接用于风险评估。

针对乡村数据资源的稀缺性与质量问题,基金管理团队需主动构建多元化的数据获取与质量控制体系。首先,拓宽数据来源,不仅依赖于传统的政府公开数据、市场调研报告,还应深入挖掘社交媒体、物联网设备等新兴数据源,形成覆盖广泛、类型多样的数据生态。其次,强化数据质量控制流程,通过数据清洗技术去除冗余与错误信息,运用数据验证机制确保数据的真实性与准确性,最后,通过数据整合技术,将多源数据有机融合,提升数据的整体价值与应用潜力。

2.数据收集与更新机制的建立

鉴于乡村经济、社会环境的快速变化,基金管理团队需建立灵活高效的数据收集与更新机制,以实时捕捉最新动态,为风险评估提供有力支持。具体而言,可设立专项数据收集团队,定期从政府统计部门、行业协会、市场调研机构等权威渠道采集最新数据;同时,运用大数据与人工智能技术,对社交媒体、网络新闻等非结构化数据进行实时抓取与分析,挖掘潜在价值信息。此外,构建数据共享平台,促进与政府、研究机构、行业协会等外部伙伴的数据交流与合作,实现数据资源的优势互补与共享共赢,进一步提升风险评估的全面性与准确性。

3.数据分析能力的提升

面对复杂多变的数据资源,基金管理团队需要加强数据分析能力的培养。这包括引进具有数据分析背景的专业人才,建立专业的数据分析团队;同时,运用先进的数据处理和分析技术,如数据挖掘、机器学习、自然语言处理等,提高数据分析的效率和准确性。通过深入分析乡村地区的经济、社会、环境等动态变化数据,基金管理团队可以更加准确地识别潜在风险并制定针对性的风险管理策略。

二、定性风险评估方法的应用与特殊性考虑

在乡村振兴基金的风险评估实践中,定性风险评估方法因其灵活性和深入性而占据重要地位。这些方法,尤其是专家评估法和情景分析法,不仅

能够揭示风险的本质和特征,还能针对乡村地区的特殊性进行精细化分析,为基金管理者提供有价值的决策依据。

(一)专家评估法的应用与特殊性考虑

专家评估法通过汇聚多领域专家的智慧和经验,对乡村振兴基金面临的风险进行全面而深入的剖析。在乡村地区这一特定环境下,专家评估法的作用尤为凸显,因为乡村地区的复杂性往往超出了单一领域知识的范畴。

1.应用实践

为了精准识别并有效管理乡村振兴基金投资项目中的潜在风险,基金管理者需组建一支跨学科、多元化的专家评估团队。这支团队应汇聚农业、金融、政策研究、社会学等多领域的精英,他们各自具有深厚的专业知识与丰富的实战经验。在评估过程中,专家们各司其职,协同作战:农业专家聚焦农业生产技术的前沿动态、市场需求的风云变幻以及供应链的稳固程度,为项目农业风险的把控提供坚实支撑;金融专家则运用其敏锐的财务嗅觉,深入剖析项目的融资架构、成本控制策略及收益预期,确保投资决策的经济合理性;政策研究专家精准把握国家与地方政策的脉搏,预测其变动趋势,为项目规避政策风险指明方向。

2.特殊性考虑

在乡村振兴基金风险评估的实践中,应用专家评估法时,还需特别关注以下两大特殊领域的专家意见。

(1)政策专家。鉴于乡村振兴战略的推进与政策环境息息相关,政策专家的参与显得尤为重要。他们不仅是政策意图的解读者,更是政策变动趋势的预言家。通过深入分析政策补贴的广度与深度、税收优惠政策的力度、土地使用政策的灵活性等关键要素,政策专家能够为基金管理者勾勒出清晰的政策风险图谱,并提供针对性的应对策略,助力项目在政策的春风中稳健前行。

(2)社会学家。乡村社区作为乡村振兴项目落地的土壤,其社会关系网络与社会心理的微妙变化对项目成败具有不可忽视的影响。社会学家以其独特的视角和方法,深入乡村腹地,通过社会调查、访谈等手段,揭示社区结构的肌理、价值观念的变迁以及利益诉求的多样性。他们能够敏锐捕捉项目推进过程中可能遭遇的社会阻力与潜在支持力量,评估其对项目实施的深层次影响。基于这些深入洞察,社会学家为基金管理者提供了宝贵的社区关系协调与社会风险管理策略,助力项目在和谐的社会氛围中茁壮成长。

(二)情景分析法的应用与特殊性考虑

情景分析法是指通过设定多种可能的未来情景,模拟不同情景下项目的发展路径和风险状况,为基金管理者提供前瞻性的风险评估和应对策略。在乡村地区市场发育不完全和信息不对称现象普遍的背景下,情景分析法的应用需更加细致和全面。

1.应用实践

在乡村振兴基金的风险评估过程中,情景分析法应围绕项目的核心风险因素展开。首先,识别并确定关键风险因素,如政策变动、市场需求变化、自然灾害等;然后,针对每个风险因素设定多种可能的未来情景;接着,模拟这些情景下项目的运营状况和风险表现;最后,综合评估各情景下的风险程度和发生概率,为基金管理者提供风险预警和应对策略建议。例如,针对市场需求变化这一风险因素,可以设定市场需求增长、市场需求稳定、市场需求下降等情景,并模拟不同情景下项目的销售收入、市场份额等指标的变化情况。

2.特殊性考虑

在乡村地区应用情景分析法进行风险评估时,还需特别考虑以下两方面特殊性:

(1)政策情景。由于乡村振兴政策对项目的实施具有重要影响,因此在设定情景时应充分考虑不同政策导向下的市场情景。例如,可以设定政策支持力度加大、政策调整等情景,并分析这些情景对项目融资、运营成本、市场需求等方面的影响。通过详尽的政策情景分析,基金管理者能够更准确地把握政策变动趋势,从而灵活调整投资策略和优化风险管理措施。

(2)环境情景。乡村地区的生态环境相对脆弱,自然灾害频发,且环境保护政策日益严格。因此,在设定情景时,还需特别关注生态环境变化对项目的影响。例如,可以设定自然灾害发生、环境保护政策调整等情景,并分析这些情景对项目运营安全、合规成本、社会声誉等方面的影响。通过环境情景分析,基金管理者可以提前识别潜在的环境风险,并制定相应的预防和应对措施,确保项目的可持续发展。

三、定量风险评估方法的应用与复杂性应对

在乡村振兴基金的风险评估体系中,定量风险评估方法以其客观性和精确性成为不可或缺的工具。然而,乡村地区的特殊性使得定量风险评估方法的应用面临诸多挑战,尤其是数据资源的匮乏和风险的复杂性。以下将以 VaR 模型和敏感性分析为例,探讨它们在乡村振兴基金风险评估中的应用及复杂性应对策略。

(一)VaR 模型的应用与复杂性应对

1.应用实践

VaR(Value at Risk)模型,作为量化风险领域的核心工具,其能力在于精确量化投资组合在给定置信水平下未来特定时间内的最大可能损失。

然而,乡村地区数据环境的特殊性——资源稀缺且质量参差不齐,为 VaR 模型的有效应用设置了障碍。为克服这一挑战,基金管理者需采取措施积极拓展数据来源,融合历史数据、市场调研数据、专家见解等多维度信息,构建全面而丰富的数据基础。历史数据提供项目历史表现的参考,市场

调研数据反映市场动态,专家意见则补充数据不足,共同支撑 VaR 模型的精准运算。鉴于乡村地区经济、政策、市场结构的独特性,基金管理者还需通过优化模型参数、调整置信水平及持有期等设置,确保 VaR 模型能够精准捕捉乡村地区特有的风险特征,提高评估结果的适用性与准确性。

2.复杂性应对

面对乡村地区复杂多变的风险环境,基金管理者需采取更为精细化的策略以应对 VaR 模型应用的复杂性:在数据收集的基础上,注重数据的整合与处理,通过数据清洗、验证、转换等步骤,确保输入模型的数据质量。这一过程旨在消除数据不一致性,提高数据的可比性与可用性,为模型分析奠定坚实基础。将模型校准视为一个持续优化的过程,根据市场反馈与项目实际情况,不断调整模型参数与假设条件。通过迭代优化,确保 VaR 模型输出结果与乡村地区实际风险状况高度一致,从而提升评估结果的可靠性与实用性。同时,认识到 VaR 模型的局限性,基金管理者需结合其他风险评估方法(如压力测试、情景分析、专家判断等),构建多元化、综合性的风险评估体系。这一体系旨在全面捕捉乡村地区的多维度风险,为基金管理者提供更加全面、准确的风险评估报告,以指导制定更为科学、有效的风险管理策略。

(二)敏感性分析的应用与复杂性应对

1.应用实践

敏感性分析,作为评估风险因素变动对投资组合影响的重要工具,在乡村振兴基金的风险评估领域扮演着不可或缺的角色。

在实践中,基金管理者需首要明确关键风险因素的识别。这包括但不限于政策调整、市场需求波动、原材料价格变动、自然灾害频发等。随后,针对每一关键因素,设定合理的变化区间或情景,通过模拟分析这些变化对项目收益的潜在影响。通过细致对比不同情景下的收益表现,基金管理者能够清晰洞察各风险因素对项目收益的重要性排序,进而量身定制有效的风险管理策略。

2.复杂性应对

面对乡村地区复杂多变的风险环境,敏感性分析的应用需融入多维度分析与动态模拟的理念,以全面提升风险评估的精准度与前瞻性。

在敏感性分析过程中,应全面纳入政策、市场、运营、财务、环境等多个维度的风险因素,并深入剖析这些因素之间的相互作用机制及其对项目风险的综合影响。通过构建复杂的风险评估模型,模拟不同维度风险因素之间的联动效应,实现对项目风险状况的全面审视。

鉴于乡村地区风险因素的动态性,基金管理者需借助动态模拟技术,捕捉风险因素随时间推移的变化趋势。通过模拟不同时间节点下风险因素的具体表现及其对基金收益的潜在影响,为基金管理者提供更为精准的风险管理指导,助力其在动态变化的市场环境中稳健前行。

为进一步提升风险评估的全面性与科学性,基金管理者可将情景分析法与压力测试法相结合,共同应用于敏感性分析中。情景分析法通过设定多种未来情景,模拟不同风险因素的影响路径;而压力测试法则聚焦于极端市场事件或不利情景的模拟,评估基金在极端条件下的承受能力与恢复能力。两种方法的融合使用,将为乡村振兴基金的风险评估提供更加全面、深入的视角,为基金管理者提供更加坚实的风险管理决策支持。

第四节 乡村振兴基金风险与机遇的平衡

在深入探讨乡村振兴基金的运作机制时,一个不可忽视的核心议题是风险与机遇的共生关系。本节旨在阐明,尽管乡村振兴基金在推动农村经济发展过程中不可避免地会遇到各类风险,但这些风险背后往往隐藏着与之并存的宝贵机遇。正确理解和把握这一共生关系,对于确保基金的长期稳健运作及实现其社会经济效益最大化具有至关重要的意义。

一、风险与机遇的共生性探讨

(一)共生现象分析

乡村振兴基金所处的环境复杂多变,涉及政策、市场、社会和技术等多个维度,每个维度都蕴含着特定的风险与机遇。首先,尽管政策风险可能导致基金运作的不确定性增加,但国家对于乡村振兴的坚定支持和不断出台的优惠政策,为基金提供了丰富的政策红利和新的投资机遇。例如,国家对农业科技创新的扶持政策,既是对基金技术风险的一种缓冲,也是引导基金投资于现代农业科技领域的明确信号。

在市场风险方面,农业市场的波动性对基金的投资回报构成挑战,但同时也为市场细分和差异化竞争提供了机遇。随着消费者对健康、绿色农产品需求的日益增长,基金可以瞄准这一细分市场,投资于有机农业、特色种植养殖等项目,以差异化策略规避市场风险,并获取更高的投资回报。

社会风险则主要体现在乡村社会结构的快速变化上。一方面,这种变化可能增加项目实施的不确定性,如土地流转、人口流动等问题;另一方面,它也带来了乡村治理创新、社区服务升级等新的发展机遇。基金通过积极参与乡村社会治理和推动社区服务项目,不仅有助于缓解社会风险,还能提升基金在乡村社会的认可度和影响力。

技术风险同样具有两面性。农业技术的更新换代虽然增加了投资决策的复杂性,但也为基金提供了投资于前沿农业科技、推动农业产业升级的机遇。通过支持农业技术创新和成果转化,基金不仅能获得技术领先带来的超额回报,还能为乡村振兴注入新的动力。

(二)识别机遇的重要性

在乡村振兴基金的运作过程中,积极识别并精准把握机遇,不仅是规避风险的必要补充,更是推动基金持续繁荣与成功的关键。这一战略视角要求基金管理者在复杂多变的内外部环境中,保持高度的警觉性与前瞻性,敏锐捕捉有利于基金发展的每一个契机。

首先,机遇识别赋予了基金前瞻性的洞察力。通过持续监测市场动态、政策风向、社会需求与技术革新,基金能够迅速响应市场信号,紧跟政策导向,确保投资决策的时效性与准确性。这种敏锐的洞察力,使基金在激烈的市场竞争中占据先机,为基金的长远发展奠定坚实基础。

其次,把握机遇是提升基金投资回报与市场竞争力的核心策略。有效的机遇识别与利用,能够引导基金投资于具有高增长潜力与良好前景的领域,从而优化投资组合结构,提升整体投资回报率。同时,通过精准捕捉市场缺口与消费者需求,基金能够开发出更具竞争力的产品与服务,进一步巩固市场地位,实现可持续发展。

更为深远的是,机遇识别与利用还是基金履行社会责任、推动乡村全面振兴的重要途径。通过投资于绿色农业、乡村旅游、农村电商等新兴领域,基金不仅能够促进乡村经济的多元化发展,还能够带动就业增长、提升居民收入、改善乡村面貌,为乡村社会的全面进步贡献力量。

因此,乡村振兴基金应树立风险与机遇并重的战略思维,构建完善的风险管理机制与机遇识别体系。通过深化对政策环境、市场动态、社会变迁及技术趋势的理解与分析,基金管理者应不断提升自身的机遇识别能力,确保在关键时刻能够迅速响应、精准把握。同时,加强与政府、企业、科研机构等多方主体的合作与交流,拓宽信息来源与合作渠道,共同编织乡村振兴的美好未来。

二、风险转化为机遇的策略

风险与机遇往往并存,关键在于如何识别和把握。乡村振兴基金应建立一套灵活的风险转化机制,通过政策引导、市场多元化、社区参与和技术创新等多维度策略,将潜在风险转化为推动基金增长和投资的强大动力。这些策略不仅有助于提升基金的风险抵御能力,还能开辟新的价值增长路径。

(一)政策引导策略

在乡村振兴基金的运作框架中,国家政策无疑是引导基金发展方向、优化资源配置的核心外部因素。其动态调整与持续深化不仅为基金提供了明确的投资指引,更直接影响到基金的投资成效与长远效益。因此,基金管理者需采取一系列精细化、前瞻性的策略,以充分利用政策红利,实现基金与国家政策的有效对接与协同发展。

1.深化政策研究与分析

首先,基金管理者应高度重视政策研究与分析工作,将其视为基金战略规划的基石。为此,应组建一支由政策专家、经济分析师及行业顾问组成的专业团队,负责持续跟踪国家乡村振兴政策的最新动态。通过深度解读政策文件、参与政策研讨会、与政府部门建立常态沟通机制等方式,团队需精准把握政策导向、理解政策意图、预测政策趋势,为基金的投资决策提供科学依据。在此基础上,基金管理者还应定期发布政策研究报告,为投资决策提供全面、深入的政策背景分析。

2.灵活调整投资策略

基于政策研究与分析的成果,基金管理者应灵活调整投资策略,确保基金投资方向与国家发展战略高度契合。具体而言,当国家政策鼓励发展绿色农业、生态农业等领域时,基金应适时加大对这些领域的投资力度,通过资金倾斜、项目孵化、技术支持等手段,推动相关产业快速发展。同时,基金管理者还应关注政策调整对既有投资项目的影响,及时评估投资风险与收益,对不符合政策导向或面临较大政策风险的项目采取相应措施,以规避潜在损失。

3.强化政策资源对接

除了灵活调整投资策略外,基金管理者还应积极与政府部门沟通协作,强化政策资源的对接与利用。一方面,通过加强与农业、财政、科技等相关部门的联系,基金管理者可以及时了解政策扶持的具体措施与资金补助的申请流程,为基金争取更多的政策优惠与资金支持。另一方面,基金管理者还可以利用政府部门的平台与资源,推动投资项目与地方政府、科研机构、龙头企业等的合作与交流,实现资源共享、优势互补,共同推动乡村振兴事业的发展。

(二)市场多元化策略

在乡村振兴基金的运作实践中,市场多元化策略不仅是分散投资风险、增强基金稳定性的关键手段,更是挖掘新机遇、推动基金持续发展的重要途径。面对复杂多变的乡村市场,乡村振兴基金需采取一系列精细化、前瞻性的市场多元化策略,以在更广阔的市场空间中捕捉增长点,实现基金的稳健运行与可持续发展。

1.实施市场细分与精准定位

首先,乡村振兴基金应深入调研乡村市场,细致划分市场细分领域,明确不同市场的特点与需求。在此基础上,基金应针对不同市场需求制定差异化的投资策略,以实现精准定位与有效覆盖。例如,针对城市居民对健康、绿色农产品日益增长的需求,基金可以聚焦于绿色农产品市场,投资于有机农业、生态农业等领域,通过提供高品质、安全可靠的农产品满足市场需求,同时实现基金的增值。通过市场细分与精准定位,乡村振兴基金能够更准确地把握市场脉搏,提高投资效率与成功率。

其次,乡村振兴基金应跨越地域界限,实现投资布局的广泛覆盖。通过跨区域投资,基金不仅能够分散地域性风险,还能充分利用不同地区的资源优势与产业特色,实现优势互补与资源共享。在跨区域布局过程中,基金应注重与当地政府部门、企业、科研机构等建立紧密合作关系,通过深入交流与合作,了解当地市场情况、政策导向与产业动态,为投资决策提供有力支持。同时,基金还应积极学习借鉴先进经验与做法,不断提升自身运作效能与管理水平。通过跨区域布局,乡村振兴基金能够在更广阔的地域范围内捕捉投资机会,实现风险的有效分散与收益的稳步增长。

2.前瞻布局新兴市场

乡村振兴基金还应紧跟市场发展趋势,前瞻布局乡村旅游、农村电商等新兴市场。随着消费者对乡村旅游体验、农村特色产品需求的不断增加,这些新兴市场正展现出巨大的发展潜力与投资价值。乡村振兴基金应密切关注这些市场的动态变化,通过精准投资抢占市场先机,创造超额回报。在布局新兴市场过程中,基金应注重挖掘具有创新潜力与成长性的项目与企业,通过提供资金支持、技术支持与市场推广等全方位服务,助力其快速成长与发展。同时,基金还应注重构建多元化的投资组合,以降低单一市场风险对基金整体运作的影响。通过前瞻布局新兴市场,乡村振兴基金不仅能够把握新的增长点与投资机会,还能推动乡村经济的多元化发展与转型升级。

(三)社区参与策略

在乡村振兴的宏伟蓝图中,乡村社区作为基层社会的基石,不仅是乡村振兴基金的重要依托力量,更是推动项目成功实施、实现可持续发展目标的关键因素。因此,加强与乡村社区的合作,构建深度参与的机制,对于乡村振兴基金而言,具有不可估量的价值。以下将从构建社区合作机制、助力社区治理创新、促进社区融合发展三个方面详细阐述社区参与策略。

1.构建社区合作机制

乡村振兴基金应主动与乡村社区建立紧密、互信的伙伴关系,确保在项目规划、实施与监督的全过程中,社区的声音得到充分尊重与体现。这要求基金不仅要在项目初期,深入社区调研,了解社区的真实需求与期望。同时,在项目推进过程中,定期与社区代表沟通协商,共同解决项目实施中遇到的问题。通过建立联合工作小组、定期召开项目协调会议等形式,增强项目的透明度与认可度,确保项目与社区发展目标的一致性。此外,鼓励社区居民积极参与项目监督,通过设立意见箱、开展满意度调查等方式,收集反馈意见,及时调整优化项目方案。

2.助力社区治理创新

乡村振兴基金应充分发挥自身资源与专业优势,积极助力乡村社区治理创新。这包括引入现代治理理念与技术手段,提升社区治理的科学化、精细化水平;支持社区开展自治活动,增强居民的自我管理与服务能力;推动建立多元共治机制,吸引政府、企业、社会组织等多方力量参与社区治理。通过助力社区治理创新,乡村振兴基金不仅能够为投资项目营造良好的外部环境,还能够促进社区内部的和谐稳定与可持续发展。同时,基金的专业支持与资源投入也将激发社区的内生动力,推动社区自我更新与升级。

3.促进社区融合发展

随着乡村社会结构的不断变化,社区内部的融合发展成为亟待解决的问题。乡村振兴基金应关注这一趋势,通过投资项目促进社区内部不同群体之间的交流与融合。这要求基金在项目设计与实施过程中,充分考虑社区的文化传统、生活习惯与利益诉求,确保项目既能满足社区整体发展需求,又能兼顾不同群体的特殊利益。同时,基金还可以利用自身资源平台,举办各类文化交流、技能培训等活动,增进社区居民之间的了解与信任,促进社区经济、文化与社会的全面发展。通过促进社区融合发展,乡村振兴基金不仅能够提升项目的社会效益与影响力,还能够增强基金在乡村社区的品牌价值与认同感。

(四)技术创新策略

在乡村振兴战略的实施过程中,技术创新作为推动农业产业升级的核心驱动力,其重要性不言而喻。乡村振兴基金作为支持乡村经济发展的重要力量,应当深刻认识到技术创新对于提升农业生产效率、优化产业结构、增强市场竞争力的关键作用。因此,制定并实施科学有效的技术创新策略,对于乡村振兴基金而言,不仅是实现可持续发展的重要保障,更是提升基金竞争力、创造更多价值增长点的关键途径。

1. 紧跟技术前沿动态

在推动乡村振兴的征途上,乡村振兴基金需扮演技术领航者的角色,紧密追踪国内外农业技术的最新脉动,确保始终站在技术创新的最前沿。为此,基金应构建一套高效的技术情报收集与分析体系。该体系的核心在于定期、系统地搜集、整理与分析全球农业领域的科技成果、专利布局、技术标准演进等关键信息,构建一座丰富而精准的技术情报数据库。这一过程不仅是对技术现状的全面梳理,更是对未来技术走向的深刻洞察。通过对这些数据的深度剖析,基金能够精准把握技术发展的宏观趋势,敏锐识别那些蕴含巨大创新潜力与市场机遇的技术领域,为投资决策提供坚实的数据支撑与科学的预测依据。此外,基金还应积极投身于国内外农业技术交流的前沿阵地,主动参加各类技术交流会议、专业展览及论坛等活动。在这些平台上,与来自世界各地的顶尖专家、学者及行业领袖建立广泛而深入的合作关系,通过面对面的交流探讨,获取第一手的技术动态与前沿见解,确保投资决策的前瞻性和准确性。

2.投资创新项目

乡村振兴基金应积极投资于具有创新潜力与市场前景的农业科技项目,支持新技术、新模式的研发与应用推广。在投资决策过程中,基金应重点关注那些能够解决农业生产实际问题、提高生产效率、降低生产成本、提升农产品品质的项目。通过为这些项目提供资金支持、资源对接、市场推广等全方位服务,基金可以助力项目快速成长,推动新技术、新模式的广泛应用。同时,基金还应注重构建多元化的投资组合,分散投资风险,确保基金整体运作的稳定性和可持续性。

3.构建开放创新生态

乡村振兴基金应加强与科研机构、高校及企业等创新主体的合作,构建协同创新的生态系统。通过搭建开放合作平台,基金可以吸引更多创新资源汇聚到乡村地区,促进产学研用深度融合。在合作过程中,基金应充分发挥自身资金、市场等优势,为科研机构、高校及企业提供必要的支持与服务;同时,也应积极吸收借鉴合作伙伴的先进技术和管理经验,不断提升自身的创新能力。通过构建开放创新的生态系统,基金可以推动科技成果快速转化应用,为乡村振兴事业注入源源不断的创新活力。

三、风险与机遇平衡的管理机制

在乡村振兴基金的运作过程中,构建一个高效、综合的管理机制是确保基金既能追求稳定投资回报,又能有效管理和把握机遇的关键。这一管理机制须涵盖风险评估与监控、策略调整与优化、跨部门协作以及持续改进与反馈等多个方面,以形成一个闭环系统,促进基金的稳健发展与持续创新。

(一)机制概述

平衡管理机制通过系统化流程,旨在确保乡村振兴基金在多变环境中实现动态均衡。管理者需兼顾经济效益与政策、市场、技术创新等变化,灵活调整策略,优化资源配置,以应对风险并把握机遇。该机制核心在于"平衡",强调短期效益与长期可持续发展并重,市场机遇与风险防控兼顾,同时整合内外部资源,推动乡村经济全面发展,确保资金安全并最大化投资效益。

(二)机制要素

1.风险评估与监控

在乡村振兴基金的管理架构中,风险评估与监控构成平衡机制的核心,对于保障基金安全稳健、优化投资效益及促进乡村经济全面发展具有战略意义,构建全面高效的风险评估体系至关重要。

(1)多维度风险评估。鉴于外部环境的复杂性,基金需实施多维度风险评估,针对政策风险、市场风险、社会风险及技术风险等领域,设计科学评估指标与方法。政策风险评估关注政策稳定性、连续性及导向变化,如通过政策变动频率、执行力度等指标量化评估。市场风险则通过市场监测机制,利用市场数据与动态分析跟踪价格波动、需求变化及竞争格局。社会风险与技术风险亦不容忽视,需通过社会满意度调查、技术成熟度评估等手段进行全面评估。

(2)实时监控系统。为提升风险评估的时效性与准确性,基金应运用现代信息技术建立实时监控系统,依托大数据分析、人工智能算法等先进技术,对政策、市场及社会舆情等信息进行实时监测与预警。该系统能自动识别风险信号,预测风险趋势,为管理者提供即时风险信息,并支持快速响应与处理机制,有效控制风险扩散。

(3)风险评估报告。定期编制风险评估报告,全面反映基金风险状况,为决策提供参考。报告应涵盖主要风险类型、评估结果、应对措施及建议,确保内容翔实、客观准确。管理者需系统梳理风险信息,提炼关键风险点,结合投资策略与运作目标,提出具体可行的前瞻性建议,以有效应对风险并把握发展机遇。

2.策略调整与优化

在乡村振兴基金的管理实践中,策略调整与优化不仅是平衡管理机制的核心环节,更是确保基金持续适应复杂多变环境、实现稳健发展的关键路径。面对市场波动与政策调整的不确定性,乡村振兴基金需采取一系列灵活、前瞻的策略措施,以优化资源配置,提升投资效益,推动乡村经济的可持续发展。

(1)灵活投资策略。乡村振兴基金应制定多样化的投资策略组合,以应对不同市场环境下的挑战与机遇。这包括长期投资与短期投机相结合,股权投资与债权投资相平衡的策略布局。长期投资旨在通过持有优质资产获取稳定回报,为基金提供坚实的收益基础;而短期投机则利用市场波动捕捉交易机会,增加基金收益的灵活性。同时,通过合理配置股权投资与债权投资的比例,基金既能享受企业成长带来的资本增值,又能通过债权投资获取稳定的利息收入,有效分散风险。

在实际操作中,乡村振兴基金应根据市场情况和政策导向,灵活调整投资组合比例。当市场环境有利时,可适当增加高风险高收益的投资比例;而在市场不确定性增加时,则应降低风险敞口,增加稳健型投资比重。这种灵活调整策略有助于基金在不同市场周期中保持竞争力,实现投资效益最大化。

(2)动态调整机制。为确保投资策略的时效性与适应性,乡村振兴基金应建立动态调整机制。该机制要求基金管理者定期对投资策略进行评估与反思,根据市场反馈、政策变化等信息及时调整投资方向、投资规模和投资节奏。通过持续监测市场动态和政策导向的变化趋势,基金管理者能够迅速捕捉市场机遇并有效应对潜在风险。

动态调整机制的建立不仅有助于提升基金的市场洞察力与应变能力,还能确保基金在复杂多变的环境中保持领先地位。通过及时调整投资策略组合中的各要素比例和配置结构,基金能够更好地适应市场变化和政策导向的要求,实现投资收益与风险控制的最佳平衡。

(3)创新投资模式。在策略调整与优化的过程中,乡村振兴基金还应积极探索新的投资模式以拓展投资领域和提升投资效益。例如,PPP模式(政府与社会资本合作)作为一种创新的投融资方式,能够有效整合政府与社会资本的优势资源共同推动基础设施建设与公共服务提升。乡村振兴基金可通过参与PPP项目,与政府建立深度合作关系,共同推动乡村基础设施的完善与升级。

此外,产业基金作为一种专注于特定产业领域的投资基金能够集中优势资源推动产业升级与转型。乡村振兴基金可设立专注于农业、农村等领域的产业基金通过整合产业链上下游资源推动乡村产业的协同发展。同时,基金应密切关注新兴产业的发展趋势,如数字农业、智慧农业等领域,积极投资于具有创新潜力和市场前景的项目,以把握未来产业发展的先机。

3.跨部门协作

在乡村振兴基金的运营体系中,跨部门协作不仅是平衡管理机制不可或缺的一环,更是确保基金高效运转、有效应对复杂挑战的关键所在。面对乡村振兴过程中多领域、多层次的任务需求,加强内部各部门的沟通与协作,形成统一目标下的强大合力,对于推动基金战略目标的实现具有至关重要的意义。

(1)建立跨部门沟通机制。为确保各部门间信息的畅通无阻与资源的有效整合,乡村振兴基金应建立常态化的跨部门沟通机制。具体而言,定期召开跨部门协调会议,成为推动协作的重要平台。这些会议应围绕基金运作中的重大问题、关键任务展开深入讨论与协商,鼓励各部门开放思维,充分表达意见与建议。通过加强信息交流,共享政策导向、市场动态、项目进展等关键信息,各部门能够更全面地了解彼此的工作情况与需求,从而更加精准地定位自身角色与贡献点。此外,会议还应聚焦于解决协作过程中出现的障碍与难题,通过集体智慧寻找最佳解决方案,不断提升协同作战能力。

(2)明确职责分工。在乡村振兴基金的运作体系中,构建清晰的职责分工框架是保障跨部门协作高效顺畅运行的基础。基金管理层需深入洞察各部门的专业优势与职能范畴,精准界定各环节的职责边界与工作目标,编织一张紧密而有序的责任网络。通过建立健全的责任体系,基金不仅为每一项任务明确指定了责任主体,还设定了合理的完成时限,从而有效避免了因职责模糊而引发的推诿现象,确保了工作流程的顺畅无阻。这种权责分明的设置,不仅提升了工作效率,更增强了团队成员的责任感与使命感,驱动他们以更高的标准、更严的要求完成各自的任务。在此基础上,基金还应积极营造互信互助的部门间关系,鼓励跨部门间的沟通与协作。倡导在明确分工的基础上,各部门能够相互支持、紧密配合,形成一股强大的合力,共同推动基金整体目标的实现。

(3)强化团队建设。团队的整体素质与业务能力直接影响到跨部门协作的效果。因此,乡村振兴基金应高度重视团队建设与人才培养工作。通过组织定期的培训与交流学习活动,提升团队成员的专业技能与综合素质,使其能够更好地适应复杂多变的工作环境。同时,建立科学合理的激励机制与考核体系,激发团队成员的积极性与创造力,鼓励他们在协作中发挥主观能动性,为基金的发展贡献智慧与力量。此外,基金还应注重团队文化的培育与传播,营造积极向上的工作氛围与和谐的人际关系,为跨部门协作提供坚实的人文基础。

4.持续改进与反馈

在乡村振兴基金的平衡管理机制中,持续改进与反馈机制构成了推动基金不断优化与进步的内在动力。为了确保基金能够持续适应外部环境的变化,提升运作效率与效果,乡村振兴基金必须建立一套完善的反馈与评估体系,以实现管理机制的动态调整与持续优化。

(1)建立反馈渠道。为了全面、准确地收集来自不同层面的声音,乡村振兴基金应设立多样化的反馈渠道。这些渠道包括但不限于设立意见箱、开展在线调查、组织定期座谈会以及建立热线电话等,以便广泛收集内部员工、外部合作伙伴以及乡村社区等多方面的意见和建议。通过这些渠道,基金能够及时了解管理机制在实际运作中的表现,发现存在的问题与不足,为后续改进提供第一手资料。同时,保持反馈渠道的畅通无阻,也是增强基金透明度、提升公信力的重要举措。

(2)定期评估机制。为了确保反馈信息的有效利用,乡村振兴基金应定期对管理机制进行全面、深入的评估与分析。评估内容应涵盖风险评估体系的有效性、投资策略的适应性、跨部门协作的顺畅度等多个方面。在评估过程中,应综合运用定量分析与定性评价的方法,通过数据对比、案例分析等手段客观反映管理机制的运作状况。同时,评估工作还应注重时效性与针对性,确保评估结果能够及时反映当前管理机制的实际情况,为制定改进措施提供有力支持。

(3)持续改进与优化。基于评估结果,乡村振兴基金应制定具体的改进措施与优化方案。这些措施应针对评估中发现的问题与不足进行针对性改进,如优化风险评估模型、调整投资策略组合、加强跨部门沟通与协作等。在改进过程中,应注重经验总结与教训吸取,将成功的做法固化下来形成制度性成果,同时针对失败的原因进行深入剖析避免重蹈覆辙。此外,基金还应保持持续改进的常态化机制,通过定期回顾与调整确保管理机制始终能够适应外部环境的变化保持高效、稳健的运作状态。通过这一系列的持续改进与优化措施乡村振兴基金将不断提升自身的管理水平与运作效率为乡村经济的振兴与发展贡献更大的力量。

第五节　乡村振兴基金风险监控与调整

在乡村振兴战略的深入实施中,乡村振兴基金作为资本驱动的关键力量,其稳定运营对于促进乡村经济繁荣与改善民生福祉至关重要。鉴于外部环境的多变性与复杂性,基金运作过程中不可避免地伴随着各类潜在风险。因此,风险监控不仅是基金管理不可或缺的一环,更是保障基金稳健前行的基石。

一、风险监控的核心地位与多维价值

在乡村振兴基金管理体系中,风险监控居于核心,首要贡献在于其预警功能。通过构建精密风险监测体系,实现对政策风险、市场风险、信用风险及操作风险等多维度威胁的前瞻洞察,确保风险初露即触发响应,有效控制风险扩散,最小化潜在损失。同时,该机制优化资源配置,促进效益最大化,引导管理者深入分析项目风险收益特性,奠定科学决策基础,降低整体风险敞口,精准投资高潜力项目,实现资源高效配置与收益最大化。风险监控不仅是风险的预警者,更是机遇的探索者,能敏锐捕捉市场趋势信号,为管理者提供及时决策支持,精准把握投资时机,促进收益增长。随着体系完善,管理效率显著提升,自动化、智能化信息处理流程加速风险应对,确保基金运作敏捷、灵活、决策科学。

科学合理的预警指标与阈值设定构建早期识别防线,应急响应迅速精准,通过多维度分析,助力制定针对性策略,包括调整投资组合、强化风险管理、整合外部资源等,以有效控制风险并减少损失。凭借数据分析与趋势预测优势,精准捕捉市场机遇,结合投资策略与风险偏好,管理者能够快速响应,推动基金价值持续增长。风险监控体系的持续优化,推动管理全面升级,通过实时信息集成与智能分析,提供全面风险管理报告与数据支持,为科学决策奠定坚实基础,显著提升基金运作效率与稳健性。

二、风险监控方法与工具

在乡村振兴基金的风险管理过程中,风险监控方法与工具的选用对于早期识别、准确评估和有效应对风险至关重要。本节将详细介绍多种风险监控方法及其在乡村振兴基金中的应用场景,评估现有监控工具的优缺点,并特别强调技术创新在提升风险管理能力中的关键作用。

(一)方法介绍

1.定性分析方法:深入洞察风险本质

在乡村振兴基金的风险监控体系中,定性分析作为基石,其核心在于深刻理解和诠释风险的本源、驱动因素、波及范围及潜在后果。特别是在政策风险评估领域,定性分析展现出了无可替代的优势。基金管理者通过细致研读政策文件、精准把握政策导向、敏锐洞察政策变动趋势,并辅以专家深度访谈、专题小组讨论等多元化研究方法,对政策风险进行全面而深刻的剖析。尽管这一过程蕴含一定的主观性,但它能够迅速捕捉政策变动的精髓,为基金管理者提供直观的风险感知与初步的风险应对蓝图。

此外,定性分析在识别与评估乡村振兴基金面临的非量化风险时同样发挥着关键作用。针对社会风险与环境风险等领域,基金管理者借助广泛的实地考察、详尽的问卷调查以及丰富的案例研究等手段,深入探索乡村社会的微妙变迁、社区关系的微妙平衡以及环境因素对投资项目的深远影响。这些分析,为基金管理者制定全面而细致的风险管理规划奠定了坚实的基础。

2.定量分析方法:精确度量风险敞口

与定性分析相对,定量分析通过构建数学模型、运用统计工具等手段对风险进行精确度量。在乡村振兴基金的风险监控中,定量分析发挥着至关重要的作用。市场风险、信用风险等可量化风险领域是定量分析的主要应用场景。

就市场风险而言,基金管理者巧妙地运用VaR(风险价值)模型、压力测试等先进工具,对市场波动对基金投资组合的潜在影响进行精准评估。通过模拟不同市场情景下的投资组合表现,量化潜在损失并明确风险敞口范围,为基金管理者提供了直观且科学的风险度量依据,助力其制定更加精准有效的市场风险管理策略。

在信用风险领域,基金管理者则依托违约概率计算模型、信用评级体系等强大工具,对信贷资产进行全方位的风险评估。通过对借款人的财务状况、经营能力、还款意愿等多维度信息的综合考量,精确计算违约概率并赋予相应的信用等级,为信贷决策提供坚实的数据支撑。同时,基金管理者还善于运用信用衍生产品等创新金融工具进行信用风险的有效对冲与管理,进一步降低信用风险敞口,保障基金资产的安全与稳健。

3.压力测试:评估极端条件下的基金表现

压力测试是一种模拟极端市场条件或政策变动情景下基金表现的评估方法。通过设定不同的压力情景如市场大幅下跌、政策突然收紧等观察基金在这些极端条件下的承受能力并评估其风险抵御能力。压力测试有助于基金管理者深入了解基金在不利环境下的潜在损失范围,从而提前制定应对措施,确保基金在极端条件下的稳健运作。

在乡村振兴基金管理中压力测试的应用场景广泛。例如基金管理者可以模拟农产品价格暴跌情景评估农业投资项目在极端市场条件下的损失情况;或者模拟政策突然收紧情景评估政策变动对基金投资项目的影响程度等。这些压力测试结果为基金管理者提供了重要的决策参考有助于其制定更加科学、合理的风险管理计划。

（二）工具评估

在风险监控工具的选择上，乡村振兴基金需要综合考虑工具的适用性、准确性、成本效益等因素。现有监控工具种类繁多、各具特色，但也存在一定的优缺点。以下是对几种常见监控工具的评估及选择建议。

1.风险管理系统软件

这类软件通常集成度高、功能全面，能够实现风险数据的集中处理、分析与报告。其优点在于提高了监控效率，降低了人工操作成本；缺点则在于定制成本高且需要专业团队进行维护升级。对于乡村振兴基金而言，如果具备足够的预算和人力资源支持，可以考虑采用风险管理系统软件以提升监控效率和管理水平。

2.数据分析平台

数据分析平台提供强大的数据处理与分析能力，支持复杂模型的构建与运算。其优点在于灵活性高、能够满足不同风险监控需求；缺点则在于操作门槛较高，需要具备一定的数据分析能力。乡村振兴基金可以根据自身需求选择合适的数据分析平台，并配备专业的数据分析团队，以提升风险监控的准确性和时效性。

3.风险预警模型

风险预警模型基于历史数据与专家经验构建，能够快速识别潜在风险并发出预警信号。其优点在于预警及时且具有一定的准确性；缺点则在于模型的有效性受数据质量、模型假设等因素限制，且难以应对突发风险事件。乡村振兴基金可以将风险预警模型作为辅助监控工具之一，结合其他监控手段，共同提升风险监控的全面性和有效性。

针对乡村振兴基金的特点，建议选择综合性能较好、操作简便且成本可控的监控工具组合。例如可以采用风险管理系统软件作为核心监控工具负责风险数据的集中处理与报告,同时利用数据分析平台对复杂风险进行深度剖析,并结合风险预警模型实现潜在风险的快速识别与预警。此外还可以考虑引入第三方风险监控服务机构,为基金提供更加专业、全面的风险监控支持。

三、投资策略适时调整

在乡村振兴基金的管理过程中,投资策略的适时调整是确保基金能够适应市场变化、抓住发展机遇、实现可持续发展的重要手段。投资策略的调整并非盲目行动,而是需要遵循一定的原则,经过科学的流程,并结合市场与政策的变化灵活应对,最终形成风险管理与策略调整的闭环管理流程。

(一)调整原则

1.灵活性

市场环境和政策导向瞬息万变,基金管理者需保持敏锐的市场洞察力,根据外部环境的变化及时调整投资策略,确保基金能够迅速适应新情况,把握新机遇。灵活性不仅体现在策略调整的速度上,更体现在策略内容的多样性上,基金管理者应准备多套投资方案,以便在不同情景下灵活切换。

2.前瞻性

基金管理者需具备敏锐的洞察力与前瞻性思维,能够敏锐捕捉到市场趋势与政策走向的微妙变化。通过深度挖掘行业报告、细致研读政策文件,并融合专家智慧与实时市场动态,基金管理者能够精准绘制出未来可能的发展蓝图,进而实现提前布局,抢占市场先机,为基金的长远稳健发展奠定坚实基础。

3.科学性

基金管理者应秉持严谨的科学态度,运用先进的分析方法与工具,确保决策过程的理性与客观。这包括巧妙结合定量分析与定性分析,精准评估投资项目的风险与收益;运用数据挖掘技术,挖掘隐藏于海量数据之中的潜在投资机会。科学性的投资策略调整,不仅能够显著提升投资决策的准确性,还能有效增强投资者的信任与支持。

(二)调整流程

1.信息收集

投资策略调整的第一步,在于信息的广泛收集与精准汇聚。基金管理者需建立高效的信息收集机制,全面捕捉市场数据、行业报告、政策文件等多维度信息,确保信息的时效性与准确性。同时,密切关注行业动态与竞争对手的策略动向,以便在第一时间捕捉到市场变化的风向标。

2.分析判断

在收集到足够的信息后,基金管理者需运用专业的分析技能,对市场、政策及投资项目进行深入剖析与精准判断。这包括对市场趋势的敏锐预测、对政策导向的深刻理解,以及对投资项目风险与收益的全面评估。通过综合运用多种分析方法与工具,投资者能够形成对投资环境的清晰认知与深刻洞察,为后续决策制定提供坚实支撑。

3.决策制定

基金管理者需基于分析判断的结果制定具体的投资策略调整方案。这包括明确投资方向、精选投资项目、设定合理投资比例等关键步骤。在制定决策时,应充分考量基金的投资目标、风险承受能力以及投资者的利益诉求等因素,确保决策的科学性、合理性与可行性。

4.执行与反馈

基金管理者需加强对投资项目的跟踪与管理力度,确保投资计划能够按既定轨道顺利推进。同时,基金管理者应建立完善的反馈机制与评估体系,及时收集并分析投资者与市场的反馈意见与建议,以便对投资策略进行持续优化与改进。在灵活应对市场变化的同时,不断推动基金向更高水平迈进。

(三)市场与政策响应

市场变化和政策调整是影响投资策略的重要因素。基金管理者需密切关注市场动态和政策导向的实时变化趋势,以便及时调整投资策略以适应新的市场环境。例如,当市场出现新的投资机会时,基金管理者应迅速评估其可行性和潜在收益并适时调整投资组合;当政策出现重大调整时,基金管理者则需深入分析其对投资项目的影响并采取相应的应对措施。通过灵活调整投资策略,基金管理者可以确保基金能够紧跟时代步伐,抓住发展机遇,实现可持续发展。

(四)风险管理闭环

构建风险监控与策略调整的闭环管理流程是确保基金稳健运作的关键。基金管理者需将风险监控贯穿于投资策略制定、执行与调整的整个过程之中,通过实时监控风险指标的变化趋势,及时发现潜在风险,及时采取有效措施进行应对。此外,基金管理者还需将策略调整的效果纳入风险监控的评估范畴,通过评估策略调整对风险水平的影响,持续优化投资策略,以降低基金的整体风险水平。这种闭环管理流程不仅有助于提升基金的风险管理能力还能确保基金在复杂多变的市场环境中保持稳健的运作状态。

本章小结

本章聚焦于乡村振兴基金的独特属性,深入剖析了政策风险、市场风险、社会风险和技术风险在乡村振兴背景下的具体表现及应对策略。针对这些风险,提出了包括政策监测、深入市场研究、社会广泛参与及技术创新等在内的应对策略,旨在为基金管理者提供一套具有操作性的实战指南。同时,揭示了风险因素的相互关联性、跨区域风险的多样性及长期投资与短期效益的平衡等复杂性挑战,强调管理者需具备全面视角和协同能力。通过科学的风险识别与评估方法,构建了风险评估与监控、策略调整与优化、跨部门协作及持续改进与反馈的风险与机遇平衡机制,旨在实现基金在复杂市场中的稳健运作与可持续发展。此外,强调了风险监控的核心地位,介绍了多种监控方法与工具,以实现风险的实时监控和有效应对。综上所述,本章为乡村振兴基金的风险管理提供了全面深入的分析和切实可行的指导。

第五章　金融创新在乡村振兴基金风险管理中的应用与挑战

随着乡村振兴战略的深入,乡村振兴基金作为关键资本,其稳健性对乡村经济繁荣至关重要。然而,复杂多变的经济环境和市场条件限制了传统风险管理手段的有效性,农产品价格波动、政策调整等因素为乡村振兴基金带来了前所未有的挑战。因此,金融创新成为提升风险管理效率、拓宽融资渠道以及增强市场适应性的迫切需求。金融创新的应用显著提升了风险识别与评估的准确性,拓宽了融资渠道,降低了成本,增强了基金的市场适应性和可持续发展能力。然而,金融创新也伴随着一系列伦理问题,包括隐私泄露、数据安全风险以及市场过度复杂化等潜在风险。因此,在推动创新时,需加强伦理审查与监管,确保活动合法合规,保护投资者权益和社会公共利益。本章将深入探讨金融创新在乡村振兴基金风险管理中的应用及其成效,分析前沿工具与模式的具体应用案例,并构建相应的应对策略框架。

第一节　金融科技在乡村振兴基金风险管理中的应用

随着信息技术的飞速发展,技术创新已成为提升乡村振兴基金风险管理能力的重要驱动力。大数据、人工智能等先进技术的应用为乡村振兴基金的风险监控带来了前所未有的机遇和挑战。

一、大数据：洞察风险与市场趋势

大数据作为一种新兴且日益重要的数据形态，它指的是那些在传统数据处理应用软件中难以有效处理的大规模、高增长率且多样化的数据集合。大数据技术涵盖了数据的收集、存储、管理以及深度分析和精准解读，旨在通过挖掘潜在的数据模式来提升决策制定的科学性与精准性。大数据技术作为数据处理的核心，为海量数据的收集、高效存储和精细管理提供了强有力的支持，成为众多技术应用中不可或缺的数据基础。

随着大数据技术的迅猛发展，其在金融领域的应用范围日益广泛。在乡村振兴基金的管理过程中，大数据凭借其强大的数据采集、处理与分析能力，为风险预警与市场趋势预测提供了前所未有的机遇。通过深入挖掘和应用大数据技术，基金管理者能够构建全面的风险监测体系，精准洞察市场动态，为科学决策奠定坚实基础。

（一）风险预警：多维度数据的实时监测与分析

风险预警是乡村振兴基金管理的核心环节，它要求管理者能够早期识别并快速响应潜在风险。大数据技术通过高效整合政策、市场、行业等多维度的外部数据，为管理者提供了宏观风险感知的能力。通过实时分析政策文件、市场报告、行业资讯等，基金管理者能够构建出基金运营的外部环境框架，精准捕捉政策变动、市场动态和行业趋势，进而评估潜在风险，制定有效的应对策略，以保障基金的稳健运营。

1.宏观风险感知

大数据技术通过其高效的数据抓取与整合能力，实时收集并综合处理政策文件、市场研究报告、行业动态资讯等海量外部数据。这些多维度数据源不仅及时反映了政策导向的变化，如农业补贴政策的调整、土地使用政策的变更等，还精准捕捉了市场动态与行业趋势，如农产品价格波动、消费者需求变化等关键信息。这为基金管理者提供了从宏观视角出发的风险预警能力，助力其迅速识别潜在风险，把握政策与市场脉搏。

2.微观风险洞察

除了外部数据，大数据技术还可以整合并分析基金内部的投资数据、运营数据等信息。通过对这些数据的深入挖掘，基金管理者能够揭示项目运营过程中的潜在风险点，如财务压力、市场波动、运营效率低下等。这些内部数据为管理者提供了微观层面的风险提示，并为其构建精准的风险预警模型提供了重要基础。这些模型具备自动识别异常数据模式、预测潜在风险事件的能力，并在风险暴露前发出预警信号，为管理者提供宝贵的响应时间，以便其提前采取措施进行风险规避或缓解。

3.数据挖掘与风险关联分析

大数据技术运用数据挖掘手段，能够进一步挖掘数据背后的深层次信息，识别不同风险因素之间的内在联系。通过关联分析、聚类分析等方法，管理者可以划分风险类型与等级，为制定针对性的风险管理策略提供科学依据。例如，通过关联分析可以发现农产品市场价格波动与政策调整之间的关联性，为基金管理者提供调整投资策略的参考依据；通过聚类分析可以将投资项目按照风险等级进行分类，为基金管理者制定差异化的风险管理措施提供指导。

（二）市场趋势预测：揭示市场变化的内在规律

市场趋势预测，作为基金管理决策体系中的关键环节，其重要性不言而喻，它直接指引着投资策略的制定与资源配置的优化。在这一过程中，大数据技术凭借其强大的数据处理与分析能力，成为揭示市场变化内在规律与趋势特征的重要工具。通过深度挖掘历史市场数据、行业深度研究报告及消费者行为模式等多维度信息源,大数据技术能够构建出市场动态的全面图景,为基金管理者提供精准的市场预测与决策支持。

具体而言,大数据技术通过对历史市场数据的细致分析,能够揭示出市场价格波动的周期性规律,这些规律反映了市场供需关系、季节性因素及突发事件等多重因素对价格变动的情况。对于基金管理者而言,这些规律如同市场运行的密码,帮助他们预测未来价格走势,从而制定出前瞻性的投资策略。以农产品市场为例,大数据技术能够精准捕捉价格季节性波动的特征,并深入分析突发事件对市场价格的冲击,为基金管理者提供调整投资组合、规避市场风险的科学依据,进而实现投资收益的最优化。

此外,大数据技术还擅长从行业报告与消费者行为数据中提炼出市场需求的变化趋势。随着健康意识与绿色消费理念的日益普及,消费者对健康、绿色农产品的需求持续增长。大数据技术通过监测社交媒体情绪倾向、在线购物行为轨迹等多元化数据,能够敏锐捕捉到这一市场需求的变化,进而预测未来有机农业、生态农业等领域的发展潜力与市场机遇。这些预测成果为基金管理者提供了宝贵的市场机遇,助力他们提前布局相关投资项目,抢占市场先机。

值得注意的是,大数据技术在市场趋势预测中的应用并非孤立无援,而是需要与基金管理者的专业知识与丰富经验紧密结合。通过将大数据分析结果与专家意见相融合,基金管理者能够制定出更加科学、合理的投资策略与风险管理方案。在制定投资策略时,他们可以依托大数据分析结果明确投资方向与投资组合配置;在制定风险管理措施时,则能根据大数据预警信号灵活调整策略布局与资源配置,以有效应对复杂多变的市场环境与潜在的政策风险。

二、云计算：赋能计算弹性与效能

云计算作为一种新兴的网络服务模式，通过网络提供多样化的计算资源，包括但不限于服务器、存储、数据库、网络设施和软件服务等。用户仅需通过互联网即可访问这些资源，无需自行构建和维护复杂的物理基础设施。云计算不仅为大数据的处理和分析提供了高效、便捷的平台与工具，还成为金融科技平台和人工智能应用的重要支撑。

作为信息技术领域的一项重大创新，云计算为乡村振兴基金提供了灵活、可扩展的计算资源支持，使基金能够根据业务需求快速调整资源分配，实现高效、经济的运营。在风险监控领域，云计算的引入使得基金能够根据实际需求迅速调整监控强度和范围，确保数据处理的及时性与准确性。此外，云计算还提供了强大的数据分析和处理能力，有助于基金管理者深入挖掘数据价值，发现潜在风险，制定有效的风险控制策略。

（一）计算资源的灵活性与可扩展性

云计算的核心竞争力在于其赋予用户高度灵活与可扩展的计算资源供给。针对乡村振兴基金，这一特性显得尤为关键。随着基金规模的扩张与投资项目数量的增多，对计算资源的需求也随之增加。传统模式下，基金管理者需要投入大量资金购买和维护硬件设备，这不仅增加了成本负担，还可能因为预测不准确而导致资源闲置或不足。云计算通过虚拟化技术，实现了计算资源、存储资源和网络资源的灵活分配与高效利用。通过封装成一个独立的虚拟环境，基金管理者可以根据实际需求灵活调整计算资源规模，确保监控任务的时效性和准确性，同时优化资源配置，避免不必要的浪费。

（二）风险监控的高效性与准确性

在风险监控领域，云计算的引入为乡村振兴基金带来了前所未有的便利和高效。传统风险监控系统往往受限于硬件性能和数据处理能力,难以应对大规模、高复杂度的监控任务。而云计算平台凭借其强大的计算能力和分布式存储架构,能够轻松处理海量数据,实现实时监控和预警。基金管理者可以通过云计算平台,对投资项目进行全方位、多角度的风险评估和分析,及时发现潜在风险并采取有效措施进行应对。这种高效、准确的风险监控机制,为乡村振兴基金的稳健运营提供了有力保障。

(三)高可用性与容错性保障体系

云计算在提供灵活计算资源的同时,还构建了高可用性与容错性保障体系,这对乡村振兴基金的数据安全与系统稳定至关重要。通过实施数据冗余存储、多节点部署等策略,云计算平台确保了数据的安全备份与系统的不间断运行,即使出现单点故障或数据丢失的情况,平台也能迅速启动备用节点,恢复数据服务,可有效避免系统瘫痪与数据损失。这一高可用性与容错性保障机制,为乡村振兴基金的业务的连续性提供了坚实的技术支撑。

三、人工智能:智能决策与优化投资

人工智能(AI)作为计算机科学的一个重要分支,致力于深入探索智能的本质,并力图构建能够模拟人类智能反应的新型智能机器。这一领域通过集成云计算的强大计算能力和大数据的丰富信息资源,借助机器学习和深度学习等前沿技术,实现了智能决策和自动化服务的创新应用。人工智能涵盖了多个子领域,包括但不限于机器学习、深度学习、自然语言处理等,这些子领域共同构成了人工智能技术的核心框架。

在乡村振兴基金的风险管理中,人工智能技术发挥着至关重要的作用,扮演着优化投资策略、提供智能决策支持的重要角色。通过机器学习、深度学习等先进算法,人工智能能够对复杂的市场环境进行精准分析,为基金管理者提供个性化的投资建议和风险管理方案。

(一)投资策略优化

在乡村振兴基金的管理实践中,投资策略的优化直接关系到基金的长远发展与投资回报。人工智能技术的引入,特别是机器学习与深度学习算法的应用,为投资策略的优化开辟了新的路径。这些先进算法能够处理并分析大规模、复杂的数据集,从中挖掘出有价值的投资模式和趋势,为基金管理者提供科学、个性化的投资建议。

1.历史投资案例的深度学习

人工智能系统首先会对大量的历史投资案例进行深度学习,包括成功与失败的案例。通过这一过程,系统能够识别出影响投资收益的关键因素,如市场趋势、行业前景、企业基本面等。同时,系统还能学习到不同投资策略在不同市场环境下的表现差异,为未来的投资决策提供参考。

2.个性化投资建议的生成

基于深度学习的结果,人工智能系统能够结合当前的市场环境、政策导向以及基金自身的投资目标和风险偏好,为基金管理者生成个性化的投资建议。这些建议不仅涵盖了宏观层面的投资方向选择、投资比例分配,还深入到微观层面,如具体项目的尽职调查流程、估值评估方法等。通过提供全方位的投资建议,人工智能帮助基金管理者更加精准地把握投资机会,降低投资风险。

3.动态调整与持续优化

市场环境和项目情况总是在不断变化之中,因此投资策略也需要随之动态调整。人工智能系统能够实时监测市场动态和项目进展,通过反馈机制不断优化投资策略。一旦市场环境出现显著变化,系统能够迅速响应,评估其潜在影响,并提出针对性的调整策略。同时,系统持续从实际投资成效中汲取经验,通过深度学习与自我反思,不断优化算法模型,力求投资建议的精准与高效。

(二)智能决策辅助系统

人工智能在辅助基金管理者做出科学、合理决策方面展现出了卓越的能力,具体体现在以下几个方面。

1.全面精准的数据分析

人工智能系统以其强大的数据处理能力,高效整合并分析来自市场报告、行业趋势、企业财务报告等多维度海量数据,确保决策基础的广泛性与精确性。此外,人工智能系统借助自然语言处理、图像识别等先进技术,可以系统深度挖掘非结构化数据中的隐藏价值,为基金管理者提供更加丰富、多维的决策参考信息。

2.高效的决策执行与自动化流程

在决策执行环节,人工智能系统显著提升了效率与准确性。系统通过自动化处理投资组合的动态调整、交易指令的精确执行等重复性任务,不仅减轻了人工负担,还有效降低了人为错误的风险。同时,系统可以实时监控交易动态,即时反馈市场变化,助力基金管理者灵活调整决策流程与执行策略,确保投资决策的精准实施与高效运作。

3.强化风险管理与合规保障

在风险管理与合规性维护方面,人工智能系统扮演着至关重要的角色。系统通过持续监控投资项目,运用先进的风险评估模型,及时发现并预警潜在风险。同时,系统自动审核投资决策的合规性,确保所有操作均符合法律法规与基金内部规章制度,为基金的稳定运营提供了坚实的保障。

四、区块链技术:重塑信任与效率

区块链技术作为一种前沿的分布式账本技术,其核心在于通过加密算法确保数据的安全性和不可篡改性。这种技术在加密货币、供应链管理、智能合约等多个领域展现出了广泛的应用潜力。其作为金融科技平台的重要基石,提供了安全、透明的数据记录和交易验证机制。这一新兴的数字技术,以其去中心化、高透明度及数据不可篡改等特性,为乡村振兴基金的风险管理注入了新的活力,不仅重塑了信任机制,还极大地提升了管理效率。

(一)构建阳光基金,增强市场信任

透明度是金融行业的生命线,尤其在涉及公众利益的乡村振兴基金中,透明度更是不可或缺。区块链技术通过其独特的分布式账本机制,实现了交易信息的全网公开与实时同步,为乡村振兴基金打造了一个"阳光基金"的典范。每一笔资金的流入流出、每一个投资项目的进展情况,都清晰无误地记录在区块链上,接受全网节点的共同监督与验证。这种前所未有的透明度,不仅让投资者能够实时掌握基金动态,增强投资信心,也为监管机构提供了便捷高效的监管手段,确保基金运作的合规性与公平性。

此外,区块链的透明性还促进了信息对称,减少了信息不对称带来的市场摩擦与信任成本。在传统的金融体系中,由于信息不透明,投资者往往难以获取全面准确的信息,导致决策失误或信任缺失。而区块链技术通过提供公开、透明、可追溯的信息平台,打破了信息壁垒,使得各方参与者能够在同一信息基础上进行决策与合作,从而促进了市场的健康发展。

(二)守护数据防线,保障投资者权益

数据安全是金融行业的另一大挑战。在乡村振兴基金的管理过程中,涉及大量的敏感信息,如投资者的个人信息、交易数据等,一旦泄露或被篡改,将给投资者带来巨大损失,影响基金的稳定运行。区块链技术以其独特的加密算法和共识机制,为乡村振兴基金构建了一道坚不可摧的数据防线。

区块链网络中的每个节点都保存着完整的交易记录副本,这种分布式存储方式确保了数据的冗余备份与高度可用性。即使某个节点遭受攻击或数据丢失，整个网络的数据完整性也不会受到影响。同时，区块链采用的加密算法极为复杂，使得交易信息在传输和存储过程中难以被破解或篡改。这种强大的安全保障机制，有效抵御了外部攻击与内部腐败的风险，为乡村振兴基金的数据安全提供了有力保障。对于投资者而言，区块链技术的安全性意味着他们的个人信息和交易数据将得到妥善保护，不会被泄露或滥用。这种信任保障不仅增强了投资者的投资意愿与忠诚度，同时也为乡村振兴基金树立了良好的市场声誉与口碑。

（三）自动执行合同条款，提升效率与准确性

在乡村振兴基金的具体应用中，区块链技术被用于构建智能合约。智能合约，作为一种创新性的合约形式，其核心在于其自动执行机制：一旦合约内预设的条件得到满足，系统将即刻触发并执行预设操作，无需人工干预。这一设计巧妙地融合了区块链技术的特性，确保了合约条款的自动、准确执行及永久存储，有效屏蔽了人为干预空间，大幅降低了操作错误风险。在基金运营中，基金管理者将投资条款、分红规则等关键要素内置于智能合约之中。当基金分红条件达到时，智能合约将自动按预设比例和条件执行分红流程，全程无需人工介入，不仅极大提升了分红效率，更确保了分红的准确无误，彻底避免了人为因素可能导致的失误。同样，在基金赎回、投资组合调整等关键环节，智能合约也能展现其自动化优势，减少人力成本与时间成本，使基金管理者能更专注于策略优化与决策制定，为投资者创造更大价值。

（四）筑牢安全防线，保障投资安全与稳定

传统基金管理中，人为错误难以完全避免，成为影响投资安全与稳定性的重要因素。而智能合约的引入，则为这一问题提供了根本性解决方案。智能合约基于预设算法与条件自动执行，彻底排除了人为干预的可能性，从而显著降低人为错误发生概率。这不仅提升了合约执行的精准度，更确保

了交易流程的顺畅无阻，为基金管理构筑了一道坚实的安全屏障。在乡村振兴基金的管理中，智能合约的这一特性尤为重要。鉴于基金运作涉及复杂市场环境，任何细微的人为失误都可能引发严重后果。因此，智能合约的应用有助于降低人为因素导致的投资风险与市场波动，确保基金稳健运行与持续发展，为投资者利益提供有力保障。

（五）构建无信任环境下的信任机制

区块链网络中的智能合约，凭借其自动化执行与不可篡改的特性，颠覆了传统信任机制，实现了去中心化、去信任化的交易环境。在乡村振兴基金的管理实践中，智能合约的应用显著增强了投资者对基金的信任度。投资者无需担忧基金管理者是否遵循合同条款操作，因为智能合约将自动、透明地执行所有操作，并将交易记录永久保存在区块链上，供所有人公开查阅。这种无需信任的交易机制不仅降低了信任成本与市场摩擦，更提升了交易的透明度与可追溯性，为乡村振兴基金的健康稳定发展奠定了坚实基础，让投资者更加安心参与基金投资。

五、金融科技平台：整合资源与提升效率

金融科技平台（FinTech）是金融和科技深度融合的产物，它凭借技术的创新和应用，不断地优化和自动化金融服务流程，以满足现代社会日益增长的复杂金融需求。该平台结合了大数据、云计算、人工智能和区块链等前沿技术，旨在为用户提供更高效、更个性化的金融产品和服务。金融科技平台作为连接投资者、融资方、服务提供商等多方参与者的桥梁，在乡村振兴基金的风险管理中发挥着资源整合与效率提升的重要作用。通过金融科技平台，基金管理者可以更加便捷地获取金融资源、拓展投资渠道、降低运营成本，从而提高风险管理的整体效能。

（一）资源整合，构建多元化投资生态

金融科技平台以其强大的资源整合能力，打破了传统金融体系中信息孤岛的局面，将银行、证券、保险、信托等各类金融机构、投资机构及融资方紧密联系在一起。这一平台的出现，为乡村振兴基金开辟了多元化的投资渠道，使得基金管理者能够根据市场变化、项目需求及自身风险偏好，灵活选择最适合的投资路径。通过金融科技平台，基金管理者可以便捷地获取各类投资产品的详细信息，包括其收益率、风险等级、投资期限等关键指标，从而做出更加科学、合理的投资决策。

除了拓展投资渠道外，金融科技平台还通过引入新的金融服务和产品，为乡村振兴基金的风险管理提供更加丰富多样的工具选择。这些创新服务包括但不限于风险评估模型、压力测试工具、衍生品交易等，它们共同构成了基金管理者应对市场波动、控制投资风险的有力武器。风险评估模型能够帮助基金管理者精准量化潜在风险，为投资决策提供数据支持；压力测试工具则能在模拟极端市场环境下检验基金的抗压能力，确保其在逆境中仍能稳健运行；而衍生品交易则为基金管理者提供了风险对冲与分散的有效途径，进一步增强了基金的风险抵御能力。

尤为值得一提的是，金融科技平台还具备强大的定制化服务能力。它能够根据乡村振兴基金管理者的具体需求，量身定制专属的金融解决方案，包括但不限于投资策略设计、风险管理框架构建、运营流程优化等。这种个性化的服务体验不仅提升了基金管理的专业性和针对性，还增强了基金管理者对平台的依赖度和满意度。

（二）科技赋能下的流程优化与成本降低

金融科技平台不仅有效地整合了各类资源，还凭借科技的力量极大地优化了基金管理流程，实现了运营成本的显著降低。平台利用大数据、人工智能等先进技术，对基金管理的各个环节进行智能化改造，使得原本烦琐复

杂的工作变得简单高效。在投资者关系管理方面,金融科技平台引入了智能客服系统,实现了 24 小时不间断的在线服务,确保能够迅速响应并处理投资者的咨询与投诉,从而极大地提升了客户服务的质量和效率。而在投资决策支持方面,平台则充分利用机器学习算法对市场数据进行深度挖掘与分析,为基金管理者提供了更为精准、科学的投资建议,助力其做出更加明智的投资决策。

此外,金融科技平台还通过优化交易流程、降低交易成本等方式,进一步提升了基金管理的效率,为投资者创造了更大的价值。平台与多家金融机构建立深度合作关系,为乡村振兴基金提供了一站式的金融服务解决方案。通过平台进行交易,基金管理者可以享受到更加优惠的费率政策、更加便捷的交易流程以及更加全面的售后服务。这些优势不仅降低了基金的运营成本,还提高了其市场竞争力,为乡村振兴基金的可持续发展奠定了坚实基础。

(三)提升风险管理效率

金融科技平台通过集成先进的数据分析工具和实时监控技术,为基金管理者构建了一个全方位、多层次的风险管理体系。平台能够实时抓取并处理来自市场、项目、财务等多方面的数据,运用复杂算法进行深度挖掘与分析,精准识别潜在的风险点。同时,平台内置的智能预警系统能够根据预设的风险阈值,自动触发预警通知,确保基金管理者能够第一时间获取风险信息并采取相应的管理措施。这种实时的数据监控与预警机制,极大地提高了基金管理者对市场变化的敏感度和应对能力,降低了因信息滞后或误判而导致的风险损失。

金融科技平台能够按照基金管理者的投资策略和风险偏好,通过自动化投资流程和决策支持系统自动执行投资操作,灵活调整投资组合,并即时生成详尽的投资报告。此外,该平台还集成了多种风险评估模型和决策分析工具,助力基金管理者在复杂多变的市场环境中做出更为科学、合理的决策。这种自动化的流程和决策支持系统不仅降低了人为操作的风险和成本,还显著提高了决策的准确性和效率,使基金管理者能够更加聚焦于核心业务和战略方向的把握。

(四)规模效益与技术驱动,降低运营成本

金融科技平台的一站式服务模式极大地减少了基金管理者与外部服务提供商之间的协调与沟通成本,显著提升了服务的整体效率和质量。平台还能够根据基金管理者的个性化需求,量身定制专属的金融解决方案,以提供更为精准、贴心的服务体验。更为重要的是,金融科技平台通过技术手段对基金管理的业务流程进行了深入的优化和重构,实现了业务流程的标准化和流程化,从而进一步降低了人力成本。通过引入自动化、智能化等先进技术,该平台显著降低了人为干预和错误操作的可能性,并借助数据分析、机器学习等技术手段对业务流程进行持续优化和改进,从而提升了流程的自动化水平和效率。这些技术手段的应用不仅降低了人力成本,还极大地提升了基金管理的整体效能和市场竞争力。

第二节 金融科技在乡村振兴基金风险管理中的挑战与策略分析

随着金融科技在乡村振兴基金风险管理中的广泛应用,一系列挑战也随之浮现。本节将深入分析这些挑战,并提出相应的对策,以确保金融创新在乡村振兴基金中的稳健推进。

一、技术挑战与应对策略

在乡村振兴基金的风险管理中,金融科技的深度融入无疑为提升管理效能、优化资源配置开辟了新的路径。然而,这一进程并非一帆风顺,技术创新的高门槛和数据获取的困难成为两大核心挑战。

(一)技术创新门槛

随着金融科技的日新月异,技术创新已成为推动行业发展的关键驱动力。然而,对于乡村振兴基金而言,实现技术创新并非易事。由于资源有限、人才匮乏等现实问题的制约,乡村振兴基金在技术创新方面往往面临较高的门槛。为有效应对这一挑战,乡村振兴基金可采取以下策略。

1.加强技术研发合作

面对资源局限,乡村振兴基金应主动拓宽合作边界,与高等教育机构、科研所等建立稳固的战略伙伴关系。通过整合资源和优势互补,共同研发适用于乡村振兴场景的金融科技解决方案。此合作模式不仅能有效分摊创新成本,降低风险,还能加速技术成果向实际应用的转化进程。具体实践中,可联合设立专项研发项目,针对乡村振兴的具体挑战定制开发解决方案;同时,定期举办技术交流会议和专业培训课程,以持续提升团队的专业素养和创新能力。

2.构建全方位的人才发展体系

人才是推动技术创新的根本动力。乡村振兴基金应将人才队伍建设置于战略高度,双管齐下,既积极引进金融科技领域的专业人才,为团队注入新鲜活力,又注重内部人才的培养与提升。通过设计具有竞争力的薪酬福利方案吸引顶尖人才,同时与高校合作建立人才培养基地,提前锁定并培育未来人才。内部培养方面,则通过定制化培训、外部交流学习等多种途径,为员工提供全面的成长机会,逐步构建起一支专业、高效、富有创新精神的技术团队。

(二)破解数据获取难题

数据是金融科技应用的基础。然而,在乡村振兴领域,数据获取往往面临诸多困难。农村地区的信息化基础设施相对薄弱,导致数据收集和处理能力受限;此外,部分数据因涉及个人隐私和商业秘密,其获取过程较为复杂且难度较高。这些因素共同制约着金融科技在乡村振兴基金风险管理中的应用效果。为此我们提出如下对策。

1.夯实数据基础设施

针对乡村振兴领域数据获取难的问题,乡村振兴基金应加大对农村信息化建设的投资力度,以强化数据收集、处理和分析的能力。这包括推动宽带网络、物联网等基础设施向农村深入覆盖,鼓励技术创新以开发适应农村环境的数据采集工具。同时,积极推动建立数据共享与开放机制,打破信息壁垒,提升数据资源的整合利用效率和价值。在此过程中,应加强与地方政府、企业的协同合作,共同制定并实施科学的信息化建设规划,确保数据流通与应用合法合规、有序进行。

2.拓宽数据获取路径

为拓宽数据获取渠道,乡村振兴基金应积极寻求与政府部门、金融机构等多方合作,建立合法合规的数据共享与合作机制。通过与农业部门合作获取农业生产数据,与金融机构合作获取信贷、保险等金融数据,形成多样化的数据来源。同时,积极鼓励企业和社会组织参与数据收集与整理工作,共同构建多元化、高质量的数据生态系统。在此过程中,应严格遵循法律法规和隐私保护原则,确保数据获取的合规性与可持续性;同时加强数据质量控制与校验工作,确保数据的真实性与可用性,为乡村振兴基金的风险管理决策提供可靠的数据支持。

二、监管与合规保障

在乡村振兴基金的风险管理实践中,监管与合规作为维护市场秩序、保障投资者权益的重要基石,其重要性不言而喻。面对金融创新的浪潮,如何在鼓励创新与确保监管有效性之间找到平衡点,成为亟待解决的问题。同时,鉴于乡村振兴基金的独特属性,制定和完善相应的监管政策,并强化合规培训与监督,是确保其稳健发展的必由之路。

(一)平衡金融创新和监管

金融创新与监管之间存在着既相互促进又相互制约的关系。为有效平衡这一关系,需采取一系列策略以构建既鼓励创新又不失稳健的监管环境。

首要之务,是构筑一个既包容又审慎的监管框架。这一框架的核心在于,既要为金融创新提供广阔的发展空间,鼓励金融机构勇于探索未知领域,又要确保监管之网紧密而有效,能够敏锐捕捉市场动态,灵活调整监管策略,以应对创新带来的新挑战与新机遇。通过实施动态、前瞻性的监管机制,确保乡村振兴基金业务活动在合规框架内有序开展,有效防范和化解系统性金融风险。

此外,提升信息披露的透明度与深度,是强化市场公正、降低潜在风险的关键举措。金融机构应秉持高度的社会责任感,全面、及时、准确地披露其财务状况、投资策略、风险管理措施等重要信息。这一做法不仅能够赋予投资者更充分的信息资源,助其做出更加明智的投资决策,还能有效增强市场的整体透明度,为监管部门提供更加清晰的监管视野,便于及时发现并妥善处置潜在风险,从而维护市场的平稳运行与健康发展。

(二)完善监管政策

针对乡村振兴基金的特殊性,制定专门的监管政策显得尤为重要。这些政策应紧密结合乡村振兴的实际需求,明确监管要求、监管标准和监管措施,确保基金在合规框架内高效运作。

一方面,应出台专项监管政策,针对乡村振兴基金的特点和风险特征进行精准施策。这些政策应涵盖基金设立、投资运作、风险管理、信息披露等各个环节,为基金运营提供明确的行为规范和指导原则。同时,应建立监督政策的动态调整机制,根据市场变化和监管实践不断完善和优化监管政策。

另一方面,加强监管协调与沟通也是完善监管政策的重要方面。各监管部门之间应建立信息共享机制,加强协作配合,形成监管合力。同时,应加强与地方政府和金融机构的沟通与合作,共同推动乡村振兴基金的发展。通过构建多层次、全方位的监管网络,实现对乡村振兴基金的有效监管和全面覆盖。

(三)强化合规培训与监督

合规意识的提升和合规能力的培养是保障乡村振兴基金稳健发展的内在要求。为此,需采取一系列措施加强合规培训与监督。

在合规培训方面,应定期组织乡村振兴基金的管理人员和从业人员参加专业培训,深入学习最新的监管政策和法律法规知识。培训内容应涵盖基金运作的各个环节和关键节点,帮助从业人员全面掌握合规要求。同时,积极鼓励金融机构开展内部合规培训,将合规文化深植于企业文化之中,全面提升全体员工的合规意识和能力。

在合规监督方面,应建立健全合规监督机制,对乡村振兴基金的运营情况进行全面、深入的监督与检查。监管部门应定期对基金的投资组合、风险管理、信息披露等方面进行审查评估,确保基金运营合规有序。对于发现的问题和违规行为,应及时采取整改措施并追究相关责任人的责任。此外,还应加强对金融机构的合规监督和检查力度,督促其建立健全内部合规管理体系,确保业务活动合法合规。

三、社会与伦理问题应对

在金融科技深度融合乡村振兴基金的过程中,其带来的不仅仅是效率的提升和风险的优化管理,还伴随着一系列复杂的社会与伦理问题。这些问题直接关系到个人隐私权、社会公平与正义以及市场秩序的维护,因此,必须予以高度重视并采取有效措施加以应对。

(一)数据隐私保护

随着金融科技的应用,乡村振兴基金在处理个人和企业数据时面临着前所未有的挑战。数据作为新时代的"石油",其价值和敏感性不言而喻。保护数据隐私,不仅是法律法规的要求,更是维护社会信任和市场秩序的基础。

首先,加强数据安全管理是首要任务。乡村振兴基金应建立一套完善的数据安全管理制度,涵盖数据的收集、存储、处理、传输和销毁等全生命周期。同时,采用先进的技术防护措施,如加密技术、实施访问控制和入侵检测等措施,以确保数据的安全性和完整性得到有效保护,防止任何形式的侵害。此外,还应加强对数据泄露和滥用的监测和预警能力,一旦发现异常行为立即采取措施加以应对。

其次,强化数据使用权限管理同样重要。乡村振兴基金应明确界定数据的使用权限和范围,确保仅授权人员有权访问和使用相关数据,以保障数据的安全性和合规性。为实现这一目标,建议建立数据使用审批机制,对所有数据使用行为进行严格的审查和记录,以确保数据使用的合规性和可追溯性。此外,应强化对数据访问行为的监控和审计,以便及时发现并妥善处理任何违规行为,确保数据使用的合规性和安全性。

(二)算法歧视防范

在探讨乡村振兴基金的风险管理和投资决策过程中,算法的应用是不可或缺的。算法以高效和客观的特性，为决策提供强有力的支持。然而，即使是算法也可能带来歧视问题，这对维护社会公正构成了挑战。为了有效预防和减少算法歧视，我们需要采取一系列措施。

首先，建立全面的算法审查机制至关重要。这要求乡村振兴基金定期对所使用的算法进行深入分析，以确保其在设计、训练和应用过程中不存在偏见或歧视，从而维护算法的公正性和准确性。审查过程应全面覆盖数据来源、模型假设、决策逻辑等关键环节，以全面评估算法的公正性和准确性。此外，需建立一个透明的投诉和申诉渠道，为可能受到算法影响的个人或企业提供一个明确的反馈和维权途径。

其次，提高算法的透明度和可解释性是增强公众信任的关键。通过公开算法的工作原理和决策流程，可以增加公众对算法运作机制的理解和信任。这不仅有助于降低算法歧视的风险，还能在公众中树立对算法公正性的信心。此外，应对算法使用者进行专业培训和指导，以提升其对算法潜在问题的认识，确保算法得到合理且公正的应用。

(三)其他社会和伦理问题应对

除了数据隐私保护和算法歧视的防范外，金融科技在乡村振兴基金的应用中还可能引发其他社会和伦理问题。例如，信息不对称可能导致资源配置效率低下，而利益冲突可能影响基金的公正性。为了应对这些挑战，可以采取以下措施。

一是加强监管和自律管理。政府监管部门应加大对乡村振兴基金的监管力度，确保其运营行为严格遵循相关法律法规和监管标准，以保障基金的健康、稳定和长期可持续发展。

二是完善法律法规体系。针对金融科技在乡村振兴基金中可能引发的社会与伦理问题，应及时修订和完善相关法律法规，为问题的有效解决提供坚实的法律保障和支持。

三是加强公众教育和宣传。通过普及金融科技知识,提高公众对金融科技的认识和理解,同时加强风险教育和自我保护能力的培训,以增强公众在面对金融科技风险时的应对能力。同时,应加大对乡村振兴基金的宣传力度,提升其在社会上的知名度和认可度,以吸引更多社会资源和支持,进而推动乡村振兴事业的持续发展。

第三节 "保险＋期货"模式在乡村振兴基金风险管理中的应用

自 2016 年起,"保险＋期货"模式首次被纳入中央一号文件的关注范围,并持续至 2023 年,连续八年获得此殊荣,这一显著成就充分凸显了"保险＋期货"在乡村振兴战略中的核心地位及其不可替代性。作为金融创新赋能农业的全新典范,"保险＋期货"模式不仅为农业生产者量身打造了一套高效的风险管理工具,有效应对市场价格波动等不确定性因素,还极大地促进了农业生产的稳健运行与可持续发展,为乡村振兴战略的纵深推进奠定了坚实的基础,提供了强有力的支撑。该模式的广泛应用有效保障了农业生产者的经济安全,显著增强了农业产业链条的稳定性与韧性,为我国农业农村的现代化进程注入了新的活力与强劲动力。

一、"保险＋期货"模式介绍

(一)基本概念

"保险＋期货"模式,作为一种前沿的金融创新工具,其核心在于巧妙融合保险与期货市场的功能优势,为农业生产者构建起一道抵御价格波动风险的坚实屏障。这一模式的设计初衷在于促进农业生产的稳定性与可持续性,进而助力乡村振兴战略的深入实施。具体而言,农户或农业合作社通过购买以期货价格为基准的农产品价格保险或收入保险,成功地将农业生产中难以避免的价格波动风险有效转移至保险体系。保险公司随后利用期货市场的对冲机制,通过购买期货公司的场外期权,将自身承担的赔付风险进一步分散至广阔的期货市场中,从而实现了风险的多层次、跨市场分散。

(二)运作机制

"保险+期货"模式的运作机制精妙而高效,其核心在于三大主体的紧密协作与风险传递链条的顺畅运行。这三大主体分别是:农户(或农业合作社)、保险公司以及期货公司(或其风险管理子公司)。以下是对该模式运作流程的详细阐述。

1.农户自主投保农产品保障计划

作为农业生产的主体,农户在面对市场波动时,展现出积极的风险管理意识。他们会细致评估自身农作物的种植状况及市场未来趋势,主动向保险公司提出需求,定制针对特定农产品的价格保护或收入保障计划。这些计划的核心机制围绕农产品期货价格设立,明确了一个赔付触发标准。农户与保险公司经过深入协商,明确了当农产品期货价格低于约定阈值时,保险公司将承担差额损失的承诺。这一举措为农户筑起了一道坚实的价格风险防线,有助于稳定其生产预期,促进农业生产的科学规划与有序进行。

2.保险公司专业运用期权策略对冲风险

成功承保后,保险公司迅速响应,运用其专业优势,通过期权市场有效对冲潜在的赔付风险。他们精准选择期货公司或其专业风险管理子公司,购入与农户保险相对应的看跌期权。这一策略确保了当农产品市场价格下滑时,保险公司能够从期权卖方获得相应补偿,从而有效缓解甚至消除因赔付农户而产生的财务负担。这一过程不仅彰显了保险公司在风险管理领域的深厚专业实力,也体现了其市场操作的敏捷性与灵活性。

3.期货公司对冲风险

期货公司或其风险管理子公司接收到保险公司的期权购买请求后,将利用期货市场的对冲机制进行相应的操作。它们通过在期货市场卖出相应农产品的期货合约,锁定风险敞口,将风险进一步分散至期货市场中。这一过程不仅实现了风险的跨市场转移,也充分利用了期货市场的价格发现与风险管理功能。期货市场的广泛参与者共同分担了原本集中于农户和保险公司的价格波动风险,从而提高了整个风险管理体系的稳健性与可持续性。

4.赔付流程高效透明,市场稳定共赢

在保险合同的保障期内,若农产品期货价格达到触及或低于约定的赔付标准,农户有权向保险公司提出赔付申请。保险公司将严格遵循合同条款,迅速响应农户的赔付需求,确保赔款及时到位,有效减轻农户因市场价格波动所承受的经济压力。与此同时,保险公司与期权卖方(即期货公司或其风险管理子公司)之间的期权合约结算工作也同步进行,确保通过期权市场的盈利有效覆盖赔付支出,从而实现风险管理的闭环操作。这一过程不仅切实保障了农户的合法权益,也促进了保险市场与期货市场的稳定健康发展,实现了多方共赢的局面。

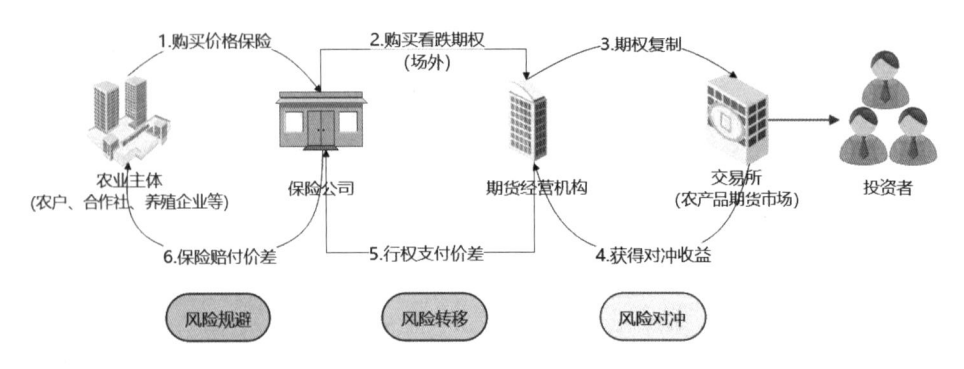

图 5-1 "保险+期货"运作模式示意图

(三)国内外研究现状

农业收入保险起源于美国,其核心功能在于有效降低农产品的价格风险,这一创新模式引起了国外学者广泛的研究兴趣。研究重点之一在于农产品收入风险的管理,探索如何通过多种金融工具的组合运用来规避这一风险。Riege(1993)深入剖析了农产品价格保险相较于传统收入保险的优势与劣势,为两者之间的比较构建了系统性的框架。随后 Skees 和 Harwood 等人(1998)基于对法案的详尽研究,强调了收入保险作为有效降低农业风险手段的重要作用。Economist(2008)则进一步指出,无论保险人的风险厌恶程度如何,其追求的核心在于效用最大化而非单纯的风险对冲,因此,探索多样化的风险分散策略成为必要。Assa、Sharifi 和 Lyons(2020)探究证明收入保险能够显著调控由价格波动引发的农民收入波动风险,为农民提供了更为稳定的收入来源保障。同时,Miglietta、Porrini 和 Fusco(2020)通过对比灾害救济政策与农业保险,发现后者在功能上能够全面替代前者,成为更为高效、可持续的风险管理手段。在农产品价格风险管理工具研究方面,Braga(2010)聚焦于农产品非柜台交易期权,揭示了其在抵御市场风险中的独特价值。Turvey 和 Rornain(2010)则创新性地提出了一种新方法,即利用牛奶深加工生产中的农产品选择权来保障农产品价格稳定,为农业风险管理开辟了新路径。Mahul(2003)则指出,在当前市场环境下,利用期货产品来规避市场价格风险已成为农民较为青睐的策略之一,体现了现代农业风险管理手段的多样性和适应性。

国内学者对"保险+期货"模式的研究虽然起步较晚,但近年来已取得了显著进展,研究重点主要集中在该模式的可行性、运行效果及存在的问题等方面。

杨芳(2010)较早地提出,期货市场能够有效促进农户生产收益的稳定。张秀青(2015)则详细阐述了美国农产品期货市场在其农业保险体系中的作用,并探讨了如何借鉴其经验推动我国农业的发展。宁威(2016)指出,"保险＋期货"产品在规避道德风险等方面相较于传统农业保险具有显著优势。于刚和王思文(2017)的研究发现,"期货＋保险"模式不仅有效保障了农户收入,还对保险市场和金融市场产生了正向促进作用。张敏(2020)强调了金融衍生品工具与市场手段在规避农产品价格波动风险中的重要性。肖宇谷和王克(2013)则提出,农产品价格指数保险作为一种类似"看跌期权"的市场风险管理工具,在多个方面优于传统期权。李华和张琳(2016)的研究指出,"保险＋期货"模式能够满足农户对价格风险保障的需求,具有较大的增长空间。

在应用层面,张秀青(2015)通过对比研究发现,与期货合约配套的保险产品更为活跃,接受度也更高。朱俊生和叶明华(2017)指出,"保险＋期货"模式虽然能够有效分散农户面临的风险,但其运行过程中仍存在一些缺陷,导致短期内推广难度较大。曹婷婷和葛永波(2018)首次系统总结了我国四例苹果"保险＋期货＋银行"模式的保单实践,认为这一创新举措能够有效补偿农民因市场价格波动而遭受的损失,值得在不断完善中加以推广。郭金龙和薛敏(2019)的研究发现,随着"保险＋期货"模式的不断推广,其保障水平也在逐步提升,但与此同时,也伴随着一系列潜在风险。

综上所述,国内外学者对"保险＋期货"模式的研究已取得丰硕成果,为该模式的理论与实践应用提供了有力支持。然而,现有研究在结合国内具体案例进行深入分析方面尚显不足。因此,本节将详细阐述"保险＋期货"模式的基本概念、运作机制及其在乡村振兴基金风险管理中的应用,并探讨该模式的创新方向及潜在改进点。

二、乡村振兴基金中"保险+期货"模式应用的SWOT分析

在乡村振兴战略背景下,乡村振兴基金作为支持农业发展的重要资金来源,不断探索创新的风险管理工具以提高资金的使用效率和保障效果。其中,"保险+期货"模式作为一种金融创新工具,正逐步融入乡村振兴基金的风险管理体系中。为全面解析保险+期货模式在乡村振兴基金应用中的优势、劣势、机遇与挑战,本节采用SWOT分析法进行深入探讨。

(一)优势分析

1.构建全方位风险防护网

该模式深度融合保险与期货市场,为乡村振兴基金及其背后的农业生产者打造了一道坚不可摧的风险屏障。农户通过参与基于农产品期货价格的保险计划,成功地将市场价格波动带来的收入不确定性风险转移至保险公司。当市场价格低于约定水平时,保险公司将依据合同条款迅速向农户支付差额赔付,从而有效稳定农户的收入预期。同时,保险公司通过巧妙运用期货市场的期权工具,将风险进一步分散至更广泛的金融市场参与者中,构建了一个多层次、立体化的风险分散机制。这一机制不仅显著增强了风险抵御能力,还确保了赔付资金的充足与可持续,为乡村振兴基金的长远发展奠定了坚实基础。

2.提高资金使用效率

引入"保险+期货"模式后,乡村振兴基金的资金投放策略更加聚焦于那些虽面临较高风险但蕴含巨大发展潜力的农业项目。该模式通过有效降低农业生产者的收入波动风险,极大地增强了农户和农业企业的投资信心与意愿,促使他们更加积极地投入技术创新、基础设施升级和产业链拓展等

关键领域。这一转变不仅直接提升了农业生产效率与产品质量,还推动了农业产业链的深度融合与拓展,显著提高了农产品的附加值与市场竞争力。因此,在"保险＋期货"模式的助力下,乡村振兴基金的资金得以更高效地转化为推动农业发展的动力,推动农业产业全面升级。

3.增强农民生产积极性

农业生产者的积极性是农业持续稳定发展的内在动力。然而,长期以来,农产品市场价格的波动性一直是制约农民生产积极性的重要因素之一。通过引入"保险＋期货"模式,乡村振兴基金为农业生产者提供了有力的价格风险保障,有效消除了农民因市场价格波动而产生的后顾之忧。在这种模式下,农民不再担心因市场价格下跌而导致的收入锐减,能够更加专注于农业生产本身,积极采用新技术、新方法提高生产效率和产品质量。同时,稳定的收入预期也增强了农民扩大生产规模的信心和动力,促进了农业生产的规模化和集约化发展。因此,"保险＋期货"模式不仅有助于稳定农民收入,还显著提升了农民的生产积极性和创造力,为乡村振兴战略的深入实施注入了强大动力。

(二)劣势分析

1.农户认知度有限

尽管"保险＋期货"模式在理论设计上具有显著优势,能够显著增强农业生产者的风险抵御能力,但在实际应用中,农户对该模式的认知度普遍较低,成为其广泛应用的主要障碍。这主要是由于农户长期习惯于传统的农业生产方式,对现代金融工具和风险管理手段缺乏足够的了解和信任。加之宣传和推广工作的不足,导致许多农户对"保险＋期货"模式的运作机制、风险保障效果及潜在收益持怀疑态度,进而影响了他们的参与意愿。因此,在乡村振兴基金推进保险＋期货模式的过程中,应加大对农户的宣传教育力度,通过举办培训班、发放宣传资料、现场解答疑问等方式,提高农户对该模式的认知度和接受度,进而激发其参与热情,推动模式的广泛应用。

2.基差风险难以完全消除

在"保险+期货"模式中,保险赔付的基准是期货市场价格,而农业生产实际面临的是现货市场价格波动。由于期货市场与现货市场在运行机制、参与主体、交易规则等方面存在差异,导致两者价格之间往往存在一定的偏差,即基差风险。这种风险的存在可能导致农户在获得保险赔付时无法完全覆盖实际损失,进而影响"保险+期货"模式的风险保障效果。特别是在市场极端波动的情况下,基差风险可能进一步放大,给农户带来更大的经济损失。因此,在乡村振兴基金应用保险+期货模式时,必须充分认识和评估基差风险的影响,通过优化产品设计、加强市场监测、提升风险管理水平等措施,降低基差风险对农户赔付金额的影响,确保模式的有效性和可持续性。

3.专业人才匮乏

"保险+期货"模式的成功实施离不开既懂保险又懂期货的复合型人才的支持。然而,当前市场上此类人才相对匮乏,难以满足乡村振兴基金对该模式快速发展的需要。这主要体现在以下几个方面:一是具备保险和期货双重专业知识的人才数量有限,难以满足市场需求;二是人才培养体系尚不完善,导致人才供给与需求之间存在较大缺口;三是人才流动性较大,难以形成稳定的人才队伍。因此,在推进"保险+期货"模式的过程中,乡村振兴基金需要高度重视专业人才培养和引进工作。一方面,可以通过与高校、研究机构等合作,建立联合培养机制,为模式的发展提供源源不断的人才支持;另一方面,可以加大人才引进力度,通过提供优厚的待遇和广阔的发展空间,吸引更多的优秀人才加入乡村振兴的伟大事业中来。同时,还需要建立健全人才激励机制和评价体系,激发人才的创新活力和工作热情,为"保险+期货"模式的成功实施提供坚实的人才保障。

(三)机遇分析

1.政策扶持力度加大

随着乡村振兴战略的全面深入实施,国家对农业的支持力度显著增强,为"保险+期货"模式在乡村振兴基金中的应用提供了前所未有的政策机遇。近年来,中央及各级地方政府连续出台了一系列政策措施,旨在鼓励和支持金融创新和农业风险管理。这些政策不仅为"保险+期货"模式提供了明确的制度保障和发展方向,还通过财政补贴、税收优惠、风险补偿等多种方式降低了农户和企业的参与成本,提高了该模式的吸引力和可行性。

2.金融市场创新发展

金融市场的持续创新与发展,为"保险+期货"模式的优化与升级注入了强大的活力与支撑。随着金融科技日新月异的发展,以及金融工具的多元化拓展,金融市场在风险管理方面的能力显著提升,为乡村振兴基金在运用"保险+期货"模式时提供了更广阔的探索空间与可能路径。具体而言,基金管理者可借助大数据、人工智能等尖端技术,对市场趋势进行精准预测,对潜在风险进行科学评估,从而提升保险定价的精确性与合理性;同时,区块链等分布式账本技术的引入,则确保了交易信息的公开透明与全程可追溯,进一步增强了市场的公正性与信赖度。此外,管理者还应积极汲取国际先进经验与技术精髓,结合我国农业的独特需求与特点,创新设计出更加贴合实际的保险产品与风险管理策略。这一系列金融创新的举措,不仅强化了"保险+期货"模式的风险保障效能,更引领其向专业化、精细化与智能化的前沿方向稳健迈进。

3.农业转型升级浪潮中的机遇

在乡村振兴战略的强劲驱动下,我国农业产业正经历着一场深刻的变革与升级,规模化、专业化与品牌化的发展趋势愈发显著,农业生产者对高效风险管理的需求也日益增长。这一背景为"保险+期货"模式在乡村振兴基金中的应用提供了广阔的市场空间和发展机遇。该模式能够助力农业生产者有效抵御市场价格波动、自然灾害等外部风险的冲击,稳固其收入预期与生产信心;同时,促进农业资源的优化配置与产业链条的深度整合,提升农业生产效率与产品附加值;更关键的是,推动农业产业与现代金融的深度融合与创新共生,为乡村振兴战略的深入实施注入强劲的动力与鲜活的生命力。

(四)威胁分析

1.市场波动风险

农产品市场价格受多种复杂因素的影响,包括供需关系、季节性变化、自然灾害、国际贸易政策等,这些因素导致农产品价格波动频繁且幅度较大。在"保险+期货"模式中,农产品期货价格作为保险赔付的基准,其剧烈波动将直接影响保险公司的赔付能力和乡村振兴基金的稳定运行。极端市场情况下,期货价格可能急剧下跌,超出保险合同的预期赔付范围,导致保险公司面临巨额赔付压力,甚至可能引发系统性风险。这种市场波动风险不仅威胁到乡村振兴基金的资金安全,还可能削弱农户对"保险+期货"模式的信心,进而阻碍其可持续的推广和应用。

为了应对市场波动风险,需要采取一系列措施:首先,加强对农产品市场的监测和预警工作,利用大数据、人工智能等先进技术提高市场预测的准确性;其次,完善保险产品的设计,通过动态调整保费和赔付标准,提高保险合同的适应性和灵活性;最后,建立健全风险分散机制,通过再保险、风险准备金等方式增强保险公司的赔付能力,确保乡村振兴基金的稳定运行。

2.跨市场监管难度加大

"保险+期货"模式涉及保险和期货两个市场领域,其监管工作需跨越两个不同的监管体系。目前,我国保险市场和期货市场的监管机制相对独立,存在监管盲区、重复监管等问题,这在一定程度上增加了该模式在乡村振兴基金应用中的监管难度和风险。跨市场监管机制的不完善可能导致市场信息不对称、监管套利等问题,从而损害市场的公平性和有效性。

为强化跨市场监管,应采取以下措施:一是建立并健全跨市场监管协调机制,明确各监管机构的职责与协作方式,保障监管工作的无缝衔接;二是完善相关法律法规体系,为跨市场监管提供坚实的法律依据和制度支撑;三是加强监管技术创新与应用,利用大数据、区块链等先进技术提升监管效率和准确性。通过这些措施,可确保"保险＋期货"模式在乡村振兴基金应用中的健康有序发展。

3.资金流动性风险

在乡村振兴基金运作过程中,资金流动性风险是一个不容忽视的潜在挑战,尤其鉴于农业生产的周期性与季节性特性,资金流动易受限制。在面对大规模赔付需求或市场剧烈波动等突发情况时,基金可能面临资金流动性紧张的困境,这不仅影响基金的日常运营稳定性,还可能对农业生产者产生连锁性的不利影响。

为有效应对这一风险,基金管理者需采取一系列前瞻性和系统性的风险管理措施。首先是强化对基金资金流动的密切监控与精细管理,建立一套高效灵敏的资金流动预警机制,确保能够迅速识别并有效应对潜在的流动性危机。同时,应积极优化基金资产配置策略,通过实施多元化投资策略,有效分散市场风险,降低对单一投资领域的过度依赖,从而增强基金的整体抗风险能力。此外,加强与各类金融机构的紧密合作亦至关重要,这不仅有助于拓宽资金来源渠道,提升基金的流动性储备,还能在必要时获得及时有效的资金支持,为基金应对市场波动与不确定性提供坚实的后盾。通过这些措施的实施,乡村振兴基金将能够在市场波动和不确定性中保持资金的稳定性和安全性,为"保险＋期货"模式的推广和应用提供坚实的资金支持。

三、"保险＋期货"模式在乡村振兴基金中的应用实践与策略

（一）应用案例分析

1.案例背景

为了更具体地展示"保险＋期货"模式在乡村振兴基金中的应用效果，本部分以金瑞期货在福建省三明市开展的鸡蛋"保险＋期货"试点项目为例进行分析。该项目不仅填补了福建省鸡蛋价格指数保险市场的空白，也为后续乡村振兴基金中推广类似模式提供了宝贵的实践经验。

2.操作流程

参与主体：金瑞期货、中国太平洋人寿保险股份有限公司福建分公司、福建省三明市下辖市区相关蛋鸡养殖户。

保单要素：明确鸡蛋期货合约的交易单位、报价单位、最小变动价位等关键条款，确保期货价格能够反映现货市场的波动情况。

风险转移机制：养殖户向保险公司购买价格保险，保险公司再通过购买期货公司的场外看跌期权将风险转移至期货市场，期货公司利用期货市场进行风险对冲。

3.成效评估

首先，项目成功为养殖户提供了价格保障，降低了因市场价格波动导致的收入风险。其次，借助期货市场的风险对冲机制，保险公司和期货公司有效管理了自身的风险。再次，项目提升了养殖户对金融工具的认知和信任度，促进了农业现代化和乡村振兴战略的实施。最后，该模式还为政府提供了有效的农业风险管理工具，有助于实现精准扶贫和乡村可持续发展。

4.经验总结

在乡村振兴基金中推广"保险＋期货"模式时，政策支持的重要性不言而喻。各级政府通过提供财政补贴、税收减免等优惠政策，为项目的顺利实施奠定了坚实基础。这些政策措施显著降低了农户和企业的参与成本，提高了项目的可行性和吸引力，是项目得以快速推进并取得成效的关键因素。

（二）"保险＋期货"模式的风险分析

自2015年首次试点以来，"保险＋期货"模式在保障农户免受农产品价格下跌风险方面展现出显著成效，对推动我国农产品期货市场服务"三农"具有深远意义。然而，在推广过程中，"保险＋期货"模式也暴露出多重风险与挑战。以下是对这些风险的深入剖析与系统性归类。

1.价格基差与产品设计风险

在"保险＋期货"模式的运作框架中，基差风险作为一个核心议题，凸显了期货市场价格波动与农产品现货市场价格实际表现之间的微妙差异。这种差异直接关联到保险赔付与农户实际损失之间的匹配度，是当前该模式推广与应用过程中亟待解决的关键挑战之一。具体而言，保险公司在设计农产品保险产品时，通常将期货市场的价格数据作为定价的基准。然而，期货市场与现货市场之间的价格联动并非完全同步，二者间存在的基差现象需引起重视。这种基差，即期货价格与现货价格之间的差异，可能导致在市场价格下跌情景下，农户虽然能够依据保险合同获得一定的赔付，但该赔付金额可能并不能全面覆盖其因市场价格波动而实际遭受的全部经济损失。此现象不仅削弱了农户对保险产品保障效果的信心，也可能在一定程度上抑制他们参与此类保险计划的积极性。

进一步而言，保险价格与期货价格的不完全对等，以及市场与政策衔接不畅，也加剧了基差风险。理想状态下，保险价格应能够全面反映农产品市场的各种风险因素，但在实际操作中，由于市场信息的不完全对称和政策支持的不到位,保险价格往往难以做到精准定价。此外,政策层面的不确定性也可能导致市场价格的异常波动,进而加剧基差风险。

此外,"保险＋期货"模式还面临保险产品单一性的重要问题。由于该模式仍处于探索阶段,市场上提供的保险产品大多同质化严重,难以满足农户多样化的需求。具体而言,不同地区的农户面临的农产品价格风险各不相同,对保险产品的需求也存在显著差异。然而,当前市场上的保险产品大多缺乏针对性,无法为农户提供个性化的风险管理方案。这种单一性的保险产品不仅限制了"保险＋期货"模式的广泛应用,也制约了其深入发展。

2.定价机制和市场监管的挑战

在"保险＋期货"模式的运作中,保险公司与期货公司在定价机制上的差异成为一个显著的挑战。保险公司往往倾向于采用基于历史数据和市场分析的静态定价方式,而期货公司则更注重实时市场数据的动态定价策略。这种定价方式的不一致性可能导致"价格倒挂"现象的出现,即保险公司设定的保险费率无法充分覆盖期货公司因市场波动而实际承担的风险成本,进而影响参与各方利益的均衡。

此外,该模式横跨保险与期货两大市场,面临着跨市场监管的复杂性与挑战。随着金融监管体系的改革,原中国保险监督管理委员会(保监会)的职责已并入国家金融监督管理总局,因此当前这两个市场主要由国家金融监督管理总局与证监会分别负责监管。然而,由于不同监管机构在监管政策、标准与执行力度上可能存在差异,这可能导致监管盲区与矛盾的出现。在当前金融监管框架下,"保险＋期货"这一复合金融产品的监管机制尚待进一步完善,跨市场风险监督机制也须加快构建。这种跨市场的金融产品特性要求监管机构之间加强沟通与协作,确保监管政策的协同性和一致性,以有效避免监管重叠或监管空白,减少系统性风险的发生。

3.主体行为道德与信用风险

随着"保险＋期货"模式的广泛推广,部分市场参与者可能采取策略性行为以谋取不当利益,如投保人通过囤积农产品、虚假交易等手段人为制造市场价格波动,以获取更高的保险赔付。此类行为不仅损害了保险公司的利益,也破坏了市场的公平竞争秩序,是道德风险的具体体现。因此,在模式推广过程中,必须高度重视道德风险的防范,建立健全的监管机制与惩罚措施。

此外,保险公司与期货公司在市场规模上的不对称也是导致信用风险增加的一个重要因素。面对保险公司在市场中的主导地位可能引发的合约谈判优势及期货公司违约风险的增加,构建健全的信用评价体系与信息披露制度成为当务之急。这一体系不仅应专注于"保险＋期货"模式的特性,设立专项信用评级标准,还需确保信息的全面、及时、准确披露,以此提升市场透明度,维护公平竞争环境,从根本上缓解信用风险问题。通过引入第三方独立评估机构,增强信用评级的公信力,为市场参与者提供可靠的决策依据。

4.操作复杂性与成本控制难题

鉴于农业保险的专业性与复杂性,提升保险从业人员的专业素养成为关键。通过加强专业培训、引入农业专家顾问团队、建立案例分享与学习机制等措施,可以有效提升从业人员对农业风险的识别与管理能力,减少操作失误与赔付不当现象,切实保障农户利益与市场稳定。

针对"保险＋期货"模式运行成本高昂的问题,需采取多维度成本控制策略以降低运营成本。一方面,推动技术创新与流程优化,利用大数据、人工智能等先进技术提升运营效率,减少人工干预,降低运营成本;另一方面,探索合理的成本分担机制,如政府补贴、多方共担等模式,减轻农户经济负担。同时,加强市场参与者之间的沟通与协作,简化操作流程,减少不必要的中间环节,提升整体运行效率。

此外,重视农户教育与引导,提升其风险意识与参与能力,是保障"保险＋期货"模式顺利推广的重要一环。通过举办培训班、发放宣传资料、利用新媒体平台等多种方式,普及农业保险与期货知识,增强农户对新型风险管理工具的理解与信任,激发其参与热情,为模式的可持续发展奠定坚实基础。

(三)风险管理策略

1.价格与产品设计风险管理策略

为有效控制基差风险,需构建基差动态监测与调整机制,运用大数据与AI技术实时监测期货与现货价格偏差,并灵活调整赔付标准以匹配实际损失,同时优化定价模型以精准反映市场变化和政策影响,确保保险产品的合理性和竞争力,并强化与政府部门合作,减少政策不确定性,保障"保险+期货"模式的稳定运行。

保险产品多样化是提升农户参与度与市场竞争力的关键。保险公司需深入市场调研,结合地区、农产品特性及农户需求,定制化开发保险产品,涵盖生长周期、价格波动等要素,以满足农户多样化需求,并依据市场动态与政策变化持续优化产品,确保针对性和有效性。

2.定价机制和市场监管风险管理策略

在"保险+期货"模式中,需加强保险公司与期货公司合作,共同探索科学合理的定价机制。通过定期联席会议、数据共享与协同开发定价模型,可增进双方理解,优化定价方式。开发混合定价模型,结合静态与动态定价优势,提高定价准确性,确保保险费率科学合理地覆盖实际风险成本,保障项目可行性与各方利益。

同时,应推动国家金融监督管理总局与证监会建立联合监管机制,明确职责分工,加强信息共享与联合执法,以提升监管效率,消除监管盲区。同时,建立跨市场风险预警系统,实时监测市场波动,运用先进技术预警潜在风险,并配套快速反应机制,确保及时控制风险,保障市场稳定与模式稳健运行。

3.主体行为与信用风险管理策略

首先,道德风险防控在"保险+期货"模式中至关重要,需加强市场监督,建立健全跨部门监管机制,严厉打击违规行为,并运用大数据、区块链等技术提升监测能力。同时,通过组织专题培训、普及诚信文化及建立反馈机制,提升投保人风险意识与诚信意识,共同保障模式健康发展。

其次,应构建"保险+期货"模式的信用评级体系,通过科学标准评估参与主体信用并公开披露,增强市场透明度,降低信用风险。同时,完善履约保障机制,包括设立保证金制度、引入第三方担保及风险准备金,有效防范违约风险,保障市场稳健运行及各方利益。

4.操作与运行成本风险管理策略

操作风险受人为失误、系统缺陷及外部事件影响,对项目构成重大威胁,因此制定高效管理策略尤为关键。策略上,需强化专业人才培养与引进,定期举办涵盖农业保险、期货及金融衍生品知识的专业培训,并构建完善的激励机制,旨在促进从业人员专业能力和风险管理水平的全面提升。同时,制定标准化"保险+期货"操作流程,明确各环节职责与规范,配以监督评估机制保障执行质量,并预设应急预案以快速应对潜在操作风险,确保业务操作既规范又高效。

运行成本控制是确保"保险+期货"模式经济效益的核心要素。通过优化运营流程、建立成本控制机制和引入竞争机制,可以有效降低运行成本,提高项目的可持续性和竞争力。优化运营流程的策略包括:(1)流程再造,即梳理并精简现有流程以消除冗余环节;(2)技术创新,即通过引入大数据、人工智能等现代技术实现自动化和智能化管理;(3)资源整合,即加强与金融机构和农业服务组织的合作,共享资源以提升整体运营效率。

成本控制机制涵盖定期评估、目标设定与反馈调整三大策略,即:(1)通过定期全面核算运行成本,精准定位成本控制弱点与风险;(2)根据评估结果设定明确控制目标与措施,并落实责任主体;(3)实施中持续跟踪评估执行效果,灵活调整策略,确保成本有效控制于合理区间。

此外,应引入竞争机制,通过开放市场准入鼓励多元金融机构参与"保险＋期货"市场,增强市场活力;同时,建立健全竞争规则与监督机制,确保公平竞争,降低成本;强调合作共赢,促进参与主体间的协同创新,共同推动模式发展。

本章小结

在复杂多变的经济环境下,传统风险管理手段面临严峻挑战,金融创新因此成为提升风险管理效能、拓宽融资渠道、增强市场适应性的核心动力。本章详尽阐述了大数据、云计算、人工智能、区块链等前沿技术在实时监测风险、构建智能决策体系及重塑信任机制等方面的卓越表现,为乡村振兴基金风险管理提供了坚实的策略支撑。金融科技平台则通过资源整合与效率提升,为基金的长远发展奠定了坚实基础。面对实际应用中的技术、监管及伦理难题,本章提出了包括加强技术研发合作、优化数据获取途径、平衡创新与监管力度、完善政策与合规培训等在内的多项针对性策略,为金融科技在乡村振兴基金风险管理中的稳健前行提供了切实可行的指导。同时,本章聚焦"保险＋期货"模式的创新实践,深入剖析其运作机制及在乡村振兴基金风险管理中的优劣势、机遇与挑战,并通过实践案例验证了该模式在保障农户收入、提升资金使用效率等方面的显著效果,为基金管理开辟了新路径。

结 束 语

随着乡村振兴战略的深入实施,私募股权基金作为现代金融体系中的一股重要力量,在促进乡村产业升级、激发市场活力、推动农业现代化等方面的作用日益凸显。本书《乡村振兴战略背景下私募股权基金风险管理研究》通过全面梳理私募股权基金在乡村振兴中的理论基础与实践应用,系统分析了乡村振兴私募股权基金投融资策略、风险管理框架及金融创新路径,旨在为政府决策、金融机构投资及社会资本参与乡村振兴私募股权基金提供科学的理论依据和实用的操作指南。

在理论探讨方面,本书深入剖析了私募股权基金的综合作用与策略实施,揭示了其在乡村振兴中的多重影响及面临的关键挑战。通过对乡村产业投融资的现状与问题进行分析,为政策制定与市场优化提供了支撑。同时,本书还强调了风险管理在私募股权基金运作中的重要性,提出了通过有效的风险识别、评估、控制及投资组合优化策略,来增强基金运作的稳健性与可持续性。

在实践应用方面,本书通过丰富的案例分析与政策启示,展示了私募股权基金在乡村振兴中的具体成效与经验模式。这些案例不仅涵盖了中央企业、地方政府及社会资本在乡村振兴基金设立与运作中的积极探索,还深入剖析了不同区域、不同行业背景下的差异化投资策略与风险管理措施。通过这些案例分析,本书提炼出了一系列可复制、可推广的成功经验,为其他地区提供了有益的借鉴。

展望未来,金融科技日新月异,市场环境亦在不断刷新其格局。乡村振兴的征途上,私募股权基金正成为一股不容忽视的力量。然而,随着这一进程的推进,乡村振兴私募股权基金所面临的机遇与挑战亦愈发凸显。期待更多的学者对乡村振兴私募股权基金的研究与实践进行更为深入的探讨,以寻找更为科学的风险管理工具和投资策略,从而更为从容地应对市场的多变与复杂。同时,也期待政府、金融机构以及社会资本能够形成更为紧密的合作关系,通过强化沟通与协作,共同推动乡村振兴私募股权基金的稳健发展。这样的努力不仅能为乡村的全面振兴提供坚实的资本支持,更能为农业农村的现代化进程注入强大的智慧与活力。

　　本书在理论与实践的交汇点上,进行了积极的探索与贡献,希望能为广大读者提供一份有价值的参考与启示,在未来的乡村振兴事业中,携手共进,共同开创乡村的美好未来!

参考文献

曹婷婷,葛永波,2018.中国金融扶贫的创新举措——以苹果"保险＋期货＋银行"为例[J].金融理论与实践(12):90-96.

顾文娟,2016.J公司财务风险与控制研究[M].南京:南京理工大学.

郭金龙,薛敏,2019."保险＋期货"提升农险保障能力[J].中国金融(10):52-54.

纪士鹏,2014.W基金管理公司子公司内部控制体系构建[D].上海外国语大学硕士学位论文.

金阳,2021.私募股权投资基金对创业板企业财务绩效的影响[J].我国注册会计师,000(011):78-82.

李华,张琳,2016."保险＋期货":一种服务国家农业现代化的新模式[J].中国保险,(7):33-36.

李建民,2001.投融资体制改革:农村经济改革的切入点[J].河北学刊(1):74-78.

李楠,2018.基于私募股权基金投资的风险管理[J].企业改革与管理(12):132-133.

刘晓亮,2019.PE风险管理体制的构建研究[J].纳税,13(25):262-265.

马良华,阮鑫光,2006.技术创新的投融资特性及其对政策的启示[J].科技管理研究(5):32-35.

毛锦凰,2020,王林涛.乡村振兴评价指标体系的构建——基于省域层面的实证[J].统计与决策,36(19):181-184.

宁威,2016.农业保险定价方式创新研究——农产品价格保险期权定价方法探析[J].价格理论与实践(10):38-41.

任亚亚,2015.关于基金管理公司风险控制研究[J].货币与资本(9):184-185.

肖宇,2022.私募股权投资对我国三次产业创新增长的影响研究[J].数量经济技术经济研究,39(8):21.

肖宇谷,王克,2013.中国开展农作物收入保险的意义和可行性初探[J].农业展望,9(10):29-32.

徐雪,王永瑜,2021.新时代西部大开发乡村振兴水平测度及影响因素分析[J].西南民族大学学报(人文社会科学版),42(5):129-137.

杨芳,2010.美国农产品价格风险管理的经验及借鉴[J].农村经济(2):125-129.

于刚,王思文,2017."期货+保险"对辽宁农产品收入的保障研究[J].鞍山师范学院学报,19(5):5-9.

曾智,朱玉杰,雪莲,2014.我国私募股权投资中引入优先股的理论解析与实际思考[J].山东社会科学(3):343-345.

张敏,2020.利用金融衍生品工具服务三农精准扶贫——天然橡胶"保险+期货"试点模式探究[J].中国证券期货(2):28-33.

张秀青,2015.美国农业保险实践及其与期货市场的对接[J].中国保险(7):60-64.

张秀青,2015.美国农业保险与期货市场[J].中国金融(13):74-76.

朱俊生,叶明华,2017."保险+期货"试点效果评估及建议[J].重庆理工大学学报(社会科学),31(8):1-5.

Assa H, Sharifi H, Lyons A, 2020. An examination of the role of price insurance products in stimulating investment in agriculture supply chains for sustained productivity[J]. European journal of operational research, 288(3): 918-934.

Braga F, 2010. Over-the-counter derivatives and price risk management in a post-tripartite environment: the case of cattle and hogs[J]. Canadian journal of agricultural economics/Revue canadienne dagroeconomie, 44(4): 369-374.

Carbone T A, Tippett D D, 2015. Project risk management using the project risk FMEA[J]. Engineering management journal(4): 23.

Economist K, 2008. Distributional and risk reduction effects of commodity revenue program design[J]. Applied economic perspectives and policy, 30(3): 543-553.

Mahul O, 2003. Hedging price risk in the presence of crop yield and revenue insurance[J]. European review of agricultural economics, 30(2): 217-239.

Miglietta P P, Porrini D, Fusco G, et al., 2020. Crowding out agricultural insurance and the subsidy system in Italy: empirical evidence of the charity hazard phenomenon[J]. Agricultural finance review, 81(2): 237-249.

Riege J, 1993. The product insurance [J]. Insurance mathematics & economics, 12(1): 76.

Simon P, Hillson D, 2012. Practical risk management: the ATOM methodology[J]. Management concepts(2): 176.

Skees J R, Harwood J, et al., 1998. The potential for revenue insurance policies in the south[J]. Journal of agricultural and applied economics, 30(1): 1-15.

Stiglitz, 2009. Knowledge portfolios and the organization of innovation networks[J]. Academy of management review, 34(2): 320-342.

Tannon J M, Johnson R, 2005. Transatlantic Private Equity: Beyond a Trillion Dollar Force[J]. The journal of private equity(8): 154-155.

Thomas, 2016. The study on the prevention and control of folk financial risk[J]. Internationaljournal of forecasting(12): 198-200.

Turvey C G, Rornain R, 2010. Using US. Bfp/Class III futures contracts in risk reduction strategies for subclasses 5a and 5b milk for further processors [J]. Canadian journal of agricultural economics/Revue canadienne dagroeconomie, 48(4): 505-526.

Waldhör T, 2012. The spatial autocorrelation coefficient Moran's I under heteroscedasticity.[J]. Statistics in medicine(7-9): 887-892.

Zhang L Q, Deng F, 2011. Research on the Effect of Performance on the Replacement of Fund Manager[J]. Knowledge economics(8): 254-255.